Claudia Grove

Wie geht's Wie steht's?

Körpererfahrung im Alltag

Ernst Klett Verlag
Stuttgart Düsseldorf Leipzig

»Wie geht's? Wie steht's?«
Körpererfahrung im Alltag
Kursbuch

Claudia Grove

Bildnachweis:
Fotografie: Ulrike Klumpp (Freudenstadt)
Grafik: Ingrid Engel (Augsburg)

The Image Bank, Francesco Reginato (München), Titel
Tony Stone, Andrew Hall (Hamburg), Titel hinten
AKG (Berlin), S. 39, 52 l. u., 96
Bavaria, VCL (München), S. 22
Bibikow, S. 61
Bilderberg, DINODIA (Hamburg), S. 66
DPA (Frankfurt/M.), S. 25, 97
Fa. Detensor (Röthenbach), S. 70 l.
TECTA-Archiv Stuhlmuseum (Bad Beverungen), S. 58f.

Das vorliegende Buch ist sorgfältig erarbeitet worden. Es ersetzt aber keinesfalls die Behandlung von gesundheitlichen Störungen durch den Arzt. Alle Angaben erfolgen ohne Gewähr. Weder Autoren noch Herausgeber oder Verlag können für eventuelle Nachteile oder Schäden, die – bei unsachgemäßer Ausführung – aus den im Buch gemachten praktischen Hinweisen resultieren, eine Haftung übernehmen.

Gedruckt auf Papier, das
aus chlorfrei gebleichtem
Zellstoff hergestellt wurde.

1. Auflage A 1 5 4 3 2 1 | 2003 2002 2001 2000 1999

Internetadresse: http://www.klett-verlag.de

Redaktion: Manfred Ott, Friedhelm Lampe
Mitarbeit: Redaktionsbüro Dr. Becker, Beckum
Layout, Umschlaggestaltung: Steffi Kassler
Druck: Messedruck Leipzig GmbH
Printed in Germany

ISBN 3-12-939853-8

Inhalt

Was Sie von diesem Buch erwarten dürfen

Körpergerecht faul sein

Gehören Sie vielleicht zu den Menschen, die zwar Lust haben, etwas für sich zu tun, nach einem ermüdenden Tag aber nicht sehr motiviert sind, sich weiter anzustrengen? Gehören Sie möglicherweise zu den Teilnehmerinnen, die von Autogenem Training bis Zilgrei schon die eine oder andere körperorientierte Methode, gesund zu bleiben, einmal ausprobiert haben? Möglicherweise ohne so recht das zu finden, was Ihnen wirklich entspricht? Oder gehören Sie zu denen, die gezielt Entlastung für ihr tägliches Sitzen oder Stehen suchen?
Als Büroangestellte oder Busfahrerin, Hausfrau oder Verkäuferin, Erzieherin oder Pflegerin haben Sie ganz spezifische körperliche und gefühlsmäßige Anforderungen zu überstehen, aber mit anderen vergleichbare Gründe, Rückenschmerzen und dicke Beine zu fürchten. Dieses Buch ist für Sie richtig, wenn Sie sich körpergerecht verwöhnen und entspannen wollen. Körpergerecht – das meint auch, Ihnen als Person und Ihren Lebensumständen angepasst.

Helmut Milz ist der Meinung, dass der Kern des Wohlbefindens in den menschlichen Grunderfahrungen des Liegens, Sitzens, Stehens, Gehens und Berührt-Werdens zu suchen ist. Welch wunderbare Idee, von den komplizierten Haltungen im Yoga oder Formen im Taijiquan zu den elementaren Bewegungsformen zurück kommen zu können. Wäre es nicht großartig, wenn Sie die Wohltat des Kopfstandes, komplizierter Drehungen oder Rückbeugen auch einfach im Liegen genießen könnten?

Warum schwierig …

… wenn es auch einfach geht!

Hier wird die Meinung vertreten, dass Sie nicht mühsam verwickelte Verrenkungen erlernen sollen, sondern sich die Übungen aussuchen können, die Ihnen im Alltag nützlich oder angenehm sind. Warum sich anstrengen, wenn gesund sein auch leicht sein kann? Warum sich nicht verwöhnen, wenn das Kreuz schon geplagt genug ist? Warum nicht körpergerecht faul sein, wenn Entspannung das Ziel ist?

Selbst entscheiden

So manche »richtige« Haltung, die mühsam erlernt worden ist, hat sich im Laufe der Medizingeschichte als falsch erwiesen. Sie dürfen zwar eine Fülle von Anregungen erwarten, was Sie – körperökonomisch – für sich tun könnten, aber keine Ratschläge, wie es richtig geht.

Es kann in der Gesundheitsbildung nicht darum gehen, unter den 100 Möglichkeiten zu sitzen die einzig richtige zu lernen. Oft leiden Menschen eher daran, dass sie sich aus der unendlichen Bewegungsvielfalt des Kinderspiels nur ganz wenige Formen der Haltung bewahrt haben.

Die eine gelernte Art kann sich in manchen Situationen als durchaus nützlich, in anderen als wenig zweckmäßig erweisen. Wie schön wäre es, würden dann die 99 Alternativen zur Verfügung stehen.
Die Entscheidung, welche Alternative Ihnen wann gut tut, können Sie nur alleine treffen. Aber wie? Dieses Buch soll Ihnen helfen, Bewegungsformen wieder zu entdecken und das wichtigste Kriterium bei der Entscheidung, was Ihnen gut tut, zu trainieren: *Ihr* eigenes Befinden. Ausprobieren und wahrnehmen, gehen und sich fragen, wie es geht, stehen und spüren, wie es um das Befinden gerade steht, das ist Inhalt und auch schon Ziel.

Befinden ist ein Eindruck der Gegenwart. Was heute richtig ist, kann morgen ganz anders sein. Wie entspannend wäre es, auch gleich noch zu lernen, den Augenblick Augenblick sein lassen zu können.

Ihren Rhythmus finden

Ob Sie vor dem Kurs, nach dem Kurs oder vom Kurs unabhängig schmökern und ausprobieren, ist Ihre Entscheidung. Sie können im Kurs Erlebtes noch einmal nachempfinden oder etwas völlig anderes erfahren.
Sie bekommen aber kein Spiegelbild des Kurses geboten, sondern auch Übungen und Informationen darüber hinaus, während andere fehlen. Die Leselogik ist anders als die Kurslogik, das wurde in Auswahl und Gliederung bedacht.

Sie können sich von morgens bis abends durch den Tag vom Buch begleiten lassen, oder nur jeweils in dem Kapitel blättern, das Sie am meisten anspricht. Ob Sie in einem Zug die Kapitel durcharbeiten oder sich erst Wochen später wieder erinnern, noch mal nachzublättern: Auf *Ihren* Rhythmus kommt es an.

Manche der Übungen eignen sich auch für zwischendurch und auf die Schnelle. Andere brauchen Zeit und manchmal auch Vorbereitungen. Oft ist es gut, sich zumindest mit einem ausgiebigen Räkeln und Strecken darauf vorzubereiten.

Entscheidend ist: Was tut *Ihnen* gut? Wie geht es *Ihnen*? Was ist *Ihnen* wichtig?

Methodenvielfalt
Den Übungen liegen östliche und westliche Methoden der Körperarbeit zugrunde. Manche Übungen werden Sie an Yoga erinnern, andere an Feldenkrais oder Eutonie. Im Mittelpunkt steht nicht die Methode, sondern *Ihr* Befinden.

Im Leben jedes Menschen,
auf allen erdenklichen Ebenen,
gibt es ununterbrochen sowohl zyklische
als auch lineare Züge,
sowohl unterschiedslose Wiederholungen
als auch einzigartige,
einmalige Begebenheiten.

Peter Hoeg, 1998

Den Tag beginnen

Ü Vom Rücken auf den Bauch und wieder zurück

› Wenn morgens der Wecker klingelt, gönnen Sie sich ein paar Minuten Zeit. Drehen Sie sich noch einmal genüßlich im Bett herum. Wenn Sie dies mit einer spiraligen Bewegung verbinden, können Sie auf eine freundliche Art und Weise und mit wenig Energieaufwand in Schwung kommen.

1 Vom Rücken auf den Bauch

Legen Sie, auf dem Rücken liegend, die linke Hand auf Ihren Bauch. Platzieren Sie den Handrücken Ihrer rechten Hand neben den Kopf. Es ist auch möglich, den rechten Arm angewinkelt hinter den Kopf zu legen. Diese Arm- und Handhaltungen erleichtern das Ausführen der spiraligen Bewegung. Wenden Sie Ihren Blick in Richtung der neben bzw. hinter dem Kopf liegenden Hand. Der Kopf folgt der Blickrichtung. Sie drehen also den Kopf nach rechts und strecken ihn gleichzeitig rückwärts. Nutzen Sie den Bewegungsspielraum des Halses. Merken Sie, wie sich eine Spannung zum Brustkorb hin aufbaut? Über diese Zugspannung kann der Brustkorb der Dreh-Streckbewegung des Kopfes folgen. Lenken Sie nun Ihre Aufmerksamkeit zur Taille. Die Drehung der Halswirbelsäule hat sich über die Brust- bis zur Lendenwirbelsäule fortgesetzt. Während die Drehung im Bereich der Brustwirbelsäule durch die Rippen eingeschränkt wird, ist sie in der Taille wieder deutlich zu spüren.
Gönnen Sie es sich, auch den Bewegungsspielraum der Lendenwirbelsäule zu nutzen. Der Energieaufwand, mit dem das Becken und schließlich die Beine der Dreh-Streckbewegung folgen können, ist erheblich niedriger. In einer spiraligen Bewegung sind Sie nun nach und nach über die rechte Seite rollend in der Bauchlage angekommen. Die Unterarme stützen den Oberkörper ab, das linke Bein ist leicht angewinkelt.

Der Weg vom Rücken ...

... über die Seite auf den Bauch

Neu entdecken!
Rollende und streckende Bewegungen gehören in dieser Kultur nicht zum Standard alltäglicher Bewegung. Ebenso wenig ist das Recht auf Leichtigkeit, Nichtanstrengung oder Faulsein in einer Leistungsgesellschaft verankert. Doch diese Bewegungsmuster sind, wenn auch unbewusst, im Körper gespeichert. Dadurch besteht die Möglichkeit, sie wieder (neu) zu entdecken und sie für sich zurückzuerobern!

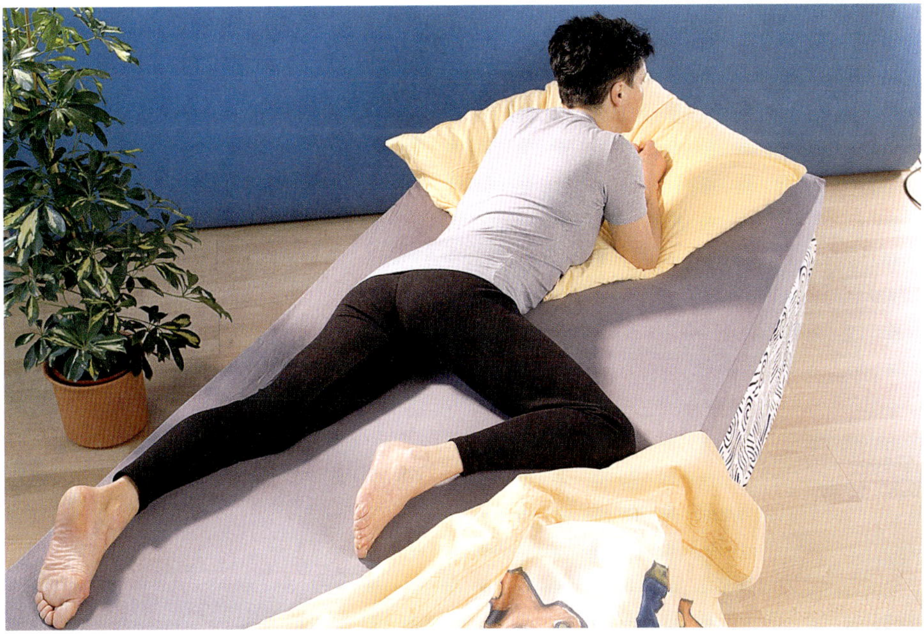

Ausgangspunkt Bauchlage

2 Vom Bauch auf den Rücken

Sie liegen immer noch auf dem Bauch und wollen zurück in die Rückenlage? Der Weg erfolgt in umgekehrter Richtung. Beugen Sie den Kopf zum Brustkorb und drehen ihn gleichzeitig nach links. Sie rollen über den rechten Oberarm auf die Seite. Brustkorb, Becken und Beine folgen, bis Sie wieder auf dem Rücken liegen.

Vielleicht haben Sie ja noch etwas Muße oder Sie sind neugierig darauf, der Dehnung zwischen Kopf und Brustkorb, Brustkorb und Becken, Becken und Beinen nachzuspüren. Wie und wo baut sich Spannung auf? Wann löst sie sich wieder?

Massen und Zwischenräume

Ein wesentliches Ordnungsschema in der Kinästhetik ist die Einteilung des menschlichen Körpers in »Massen« und in »Zwischenräume«. Zu den Massen des Körpers gehören Kopf, Brustkorb, Becken, Arme und Beine. Jede Masse zeichnet sich durch massive Knochenstrukturen aus und kann einzeln bewegt werden.

Zu den Zwischenräumen gehören Hals, Taille, Hüftgelenke und Schultern. Das sind die Bereiche, die die Bewegung der Massen ermöglichen, also jeweils ober- und unterhalb der Massen liegen.

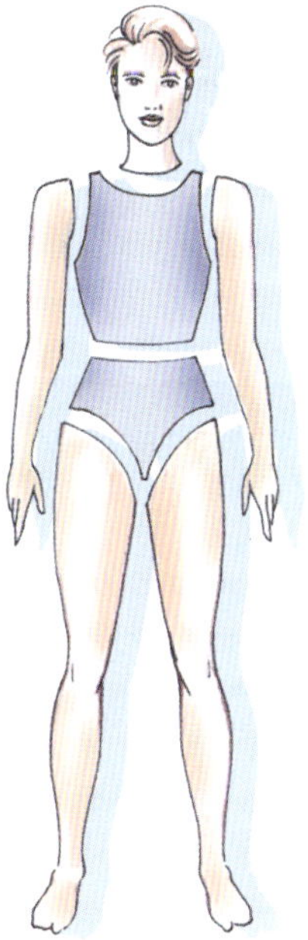

Massen und Zwischenräume

Was kann Ihren Bewegungsfluss unterstützen? Drehen Sie den Kopf am Ende seines Bewegungsspielraums nicht zurück. Die durch die Drehung aufgebaute Spannung zwischen Kopf und Brustkorb geht sonst verloren. Diese Spannung unterstützt, dass in der Bewegung ein Körperteil dem anderen mit möglichst geringem Energieaufwand folgen kann. Ohne diese Spannung benötigen Sie wesentlich mehr Energie für das spiralige Drehen. Dieses Prinzip hat allgemeine Gültigkeit bei der Ausführung spiraliger Bewegungen.

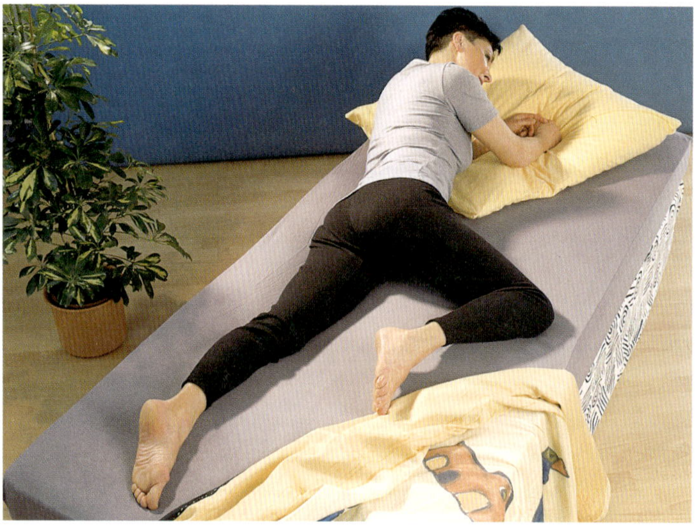

Der Kopf leitet die spiralige Bewegung beugend-drehend ein

Vergessen Sie nicht zu atmen. Wenn Sie diese spiralige Drehung beim ersten Üben besonders konzentriert machen oder die Bewegung einmal stockt, kann es leicht passieren, dass auch Ihre Atmung ins Stocken gerät. Oder ist es umgekehrt, dass erst die Atmung stoppt und dann die Bewegung? Probieren Sie einmal, bewusst auszuatmen. Häufig wird der Bewegungsfluss von alleine wieder aufgenommen.

3 Wenn das Becken den Fuß anschaut

Vielleicht gefällt es Ihnen gerade nicht, die Übung mit einer so ausgeprägten Kopfbewegung einzuleiten. Die Bewegungsimpulse können Sie auch über die Beine, das Becken und den Brustkorb setzen. Das dahinter stehende Bewegungsprinzip ist immer dasselbe: Der Hinweg, also der Weg von der Rücken- in die Bauchlage, ist gekennzeichnet von streckenden in Verbindung mit drehenden Bewegungen. Der Rückweg ist charakterisiert durch beugende in Verbindung mit drehenden Bewegungen. Diese Tatsache ist bedeutsam für die Erklärung der weiteren Bewegungsabläufe und kann zu deren leichterem Verständnis beitragen. Und vielleicht sind Sie ja auch neugierig darauf zu erfahren, welcher Bewegungsimpuls Ihnen am leichtesten fällt, welcher Ihnen nicht so gut tut oder Sie am meisten fordert, Ihnen am meisten Spaß macht ...

Wie wäre es, wenn die gleiche Bewegung vom Becken ausginge?
Sie liegen wieder auf dem Rücken. Ihre linke Hand liegt wieder auf dem Bauch, die rechte Hand wieder neben Ihrem Gesicht. Stellen Sie sich vor, Ihr Becken will zu Ihrem rechten Fuß »gucken«. Es wird sich in diese Richtung strecken und gleichzeitig nach rechts rollen. Dabei wird sich nach oben eine Spannung zum Brustkorb aufbauen, so dass der Brustkorb dem Becken zur rechten Seite rollend folgen wird.
Die Spannung setzt sich ebenfalls nach unten fort. Ihr linkes Bein schließt sich leicht angewinkelt der Bewegung des Beckens an. Wenn Sie das Becken weiterhin die Bewegung anführen lassen, werden Sie nach und nach über die rechte Seite in die Bauchlage rollen und in der bereits bekannten Haltung ankommen. Die Unterarme sind aufgestützt, das linke Bein leicht angewinkelt.
Für den Weg zurück in die Rückenlage schlagen Sie die umgekehrte Bewegungsrichtung ein. Beine, Brustkorb, Kopf und Arme werden der Bewegungsvorgabe folgen, so dass Sie in einer spiraligen Bewegung über die rechte Seite wieder auf den Rücken rollen.

Das Becken leitet die spiralige Bewegung in die Rückenlage drehend-beugend ein

4 Ein führender Faden ...

Anstelle des »Guckens« kann ein weiteres Bild hilfreich sein, um die Ausführung der Bewegung zu unterstützen: ein Faden, der Sie von Ihrem linken Becken aus vorsichtig in die angegebene Richtung führt.

So ist es möglich, am Rücken anzukommen

Die Bewegung wird jetzt durch das linke Bein eingeleitet. Stellen Sie sich einen Faden an Ihrem linken Knie vor. Der Faden zieht das Knie in einer kreisförmigen Bewegung zunächst nach links über den Boden. Die Kreisbewegung führt das Knie zur linken Bauchseite, zur rechten Bauchseite.

Sie werden spüren, dass das Becken und der Brustkorb schon der Bewegung des Beines folgen. Lassen Sie den Faden Ihr Knie so weit nach rechts ziehen, bis Sie das Gefühl haben, auf der rechten Seite zu liegen. Hier verabschieden Sie sich von dem Faden und strecken das Bein nach unten aus. Mit dieser Streckung begeben Sie sich in die Bauchlage.

Und der Weg zurück? Ziehen Sie das zuvor gestreckte Bein wieder an.
Ist Ihr Faden noch vorstellbar? Nehmen Sie ihn zu Hilfe, um in genau entgegengesetzter Richtung wieder die Rückenlage zu erreichen. ❮

Ein Grundmuster

Vielleicht sind Ihre Unterarme nicht aufgestützt und das linke Bein nicht leicht angewinkelt, sondern Arme und Beine liegen in der Bauchlage ausgestreckt. Aufgestützte Unterarme und ein angewinkeltes Bein stellen ein Grundmuster menschlicher Bewegung dar. In der Bewegungsentwicklung von Babys ist dies gut zu beobachten. Diese Haltung stellt Bewegungsbereitschaft dar. Die Sinne mit ihrem Sitz im Kopf sind aufmerksam und (re-)aktionsbereit der Umwelt zuge wandt.

Ökonomische Körperhaltung

▸ Die Idee des Fadens oder eines Gummibandes können Sie wieder aufgreifen, wenn es darum geht, sich im Alltag an körperökonomisches Sitzen oder Stehen zu erinnern. In Ihrer Vorstellung am Hinterkopf befestigt, können Sie sich davon aufrichten lassen.

Ü In einer Spirale vom Liegen zum Sitzen

Sie haben sich genüsslich hin- und hergedreht und gedenken jetzt aufzustehen. Mit einer spiraligen Bewegung können Sie gemächlich auf Ihrer Bettkante, die Sitzhöhe hat, zum Sitzen kommen.
In der folgenden Beschreibung wollen Sie sich über die rechte Seite rollend aufsetzen. Wollen Sie über die linke Seite zum Sitz kommen, denken Sie die Bewegung einfach gegengleich.

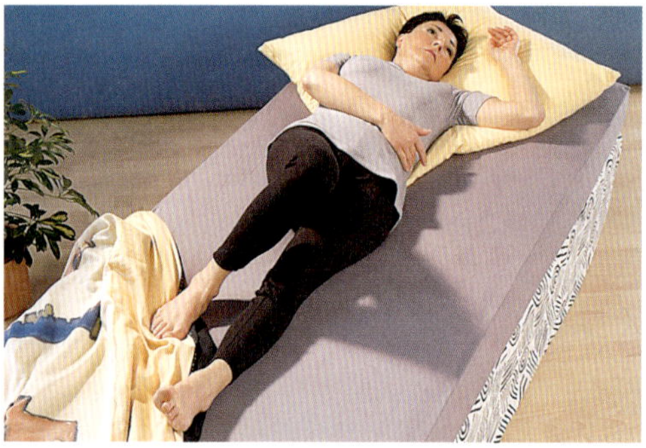

Ausgangsposition der Spirale zum Sitz

1 Über die Seitenlage

Wieder auf dem Rücken angekommen, legen Sie Ihren rechten Arm in einer angewinkelten Position neben den Kopf. Sie befinden sich nun in einer stabileren Lage und verhindern ein Herausrollen aus dem Bett. Überkreuzen Sie mit dem linken Arm den Körper. Etwa in Brusthöhe stützen Sie sich mit der linken Hand auf der Bettkante auf. Sollte Ihre Hand in dieser Position noch keinen Kontakt zur Unterlage haben, wird dies geschehen, sobald Sie die Bewegung zur Seite einleiten. Die linke Hand wird Sie gleich darin unterstützen, sich vom Bett abzudrücken, um sich in den Sitz hochzuschrauben. Lassen Sie den rechten Fuß nach außen fallen. Ziehen Sie das rechte Knie in Richtung Oberkörper und lassen Sie das rechte Bein angewinkelt so weit zur Unterlage sinken wie es Ihnen angenehm ist. Lassen Sie das Becken nach rechts unten »gucken« und drehen es gleichzeitig in Richtung Bettkante. Auf diese Weise leiten Sie wieder eine spiralige Bewegung ein, mit der Sie in die Seitenlage rollen.

2 Zum Sitzen

Dort angekommen, bewegen Sie die Beine zum Bettrand und zum Bett hinaus, so dass die Füße den Boden berühren oder je nach Betthöhe aufgestellt werden können.
Um aus dieser Position abschließend in den Sitz zu kommen, rollen Sie das Becken weiter vorwärts. Der Brustkorb folgt dieser Bewegung.

Der Weg zum Sitz führt über die Seitenlage

Drücken Sie das Becken jetzt diagonal nach unten in Richtung Bettoberfläche. Indem Sie das Becken diagonal nach unten drücken, wird der Brustkorb in einer spiraligen Bewegung in die Aufrichtung gezogen. Die aufgestützten Arme unterstützen dieses »Hochschrauben«. Lassen Sie den Kopf so lange hängen, bis der Oberkörper aufgerichtet ist. Die für das Hochschrauben erforderliche Spannung geht so nicht verloren. Der Körper richtet sich nach und nach auf. Sie sind auf Ihrer Bettkante sitzend angekommen.
Wenn Sie einen Augenblick in dieser Position verweilen, kann sich der Kreislauf an die veränderte Situation anpassen. Gleichzeitig können Sie sich erneut im Raum orientieren, vielleicht nach dem Motto: »Aha, hier bin ich also angekommen.« Und von hier aus ist eine weitere Spirale bis zum Stand möglich.

Auch in dieser Haltung vollzieht der Körper eine kleine Spirale

Kinästhetik

Die vorgestellten Bewegungen kommen aus der Kinästhetik. Dieser griechische Begriff setzt sich aus den beiden Wörtern »kinesis« = »Bewegung« und »aisthesis« = »Empfindung« zusammen. Kinästhetik bedeutet also so viel wie die Lehre vom Bewegungsempfinden. Sie findet häufig Anwendung in der Krankenpflege und unterstützt Bewegungsaktivitäten, die wechselseitig dem gesundheitsförderlichen Handeln von Pflegepersonen und Patienten dienlich sind.

Der richtige Dreh

Wieso fehlt die Dimension des Drehens so oft in Ratgebern und Kursen für gesunde Bewegung? – Mit dem Weglassen kann nichts falsch gemacht werden. Immer geht es darum, einen unvorteilhaften Druck auf die Bandscheiben zu vermeiden *(siehe Seite 71)*. Oft nehmen wir im Alltag Positionen mit gekrümmter oder verdrehter Wirbelsäule ein, so dass ein beständiger Druck auf die Bandscheiben wirkt. Spiralige Bewegungen dagegen sind fließend, das Gewicht wird nicht gehalten. Am Ende einer Bewegung angekommen, ist eine körpergerechte Haltung erreicht.

Der diagonale Druck des Beckens zur Bettoberfläche zieht den Oberkörper in einer spiraligen Bewegung… in die Aufrichtung

Ü In einer Spirale vom Sitzen zum Stehen

› Auch diese Bewegung wird zur rechten Seite aufstehend erklärt und ist, gegengleich gedacht, selbstverständlich auch zur linken Seite möglich.

Die Ausgangsposition zum Hochschrauben in den Stand

In einer spiraligen Bewegung vom Sitzen …

Rutschen Sie bis zur vorderen Kante Ihres Bettes und kreuzen Sie den linken Fuß vor den rechten. Die rechte Hand platzieren Sie seitlich so hinter dem Gesäß, dass die Finger nach hinten zeigen.

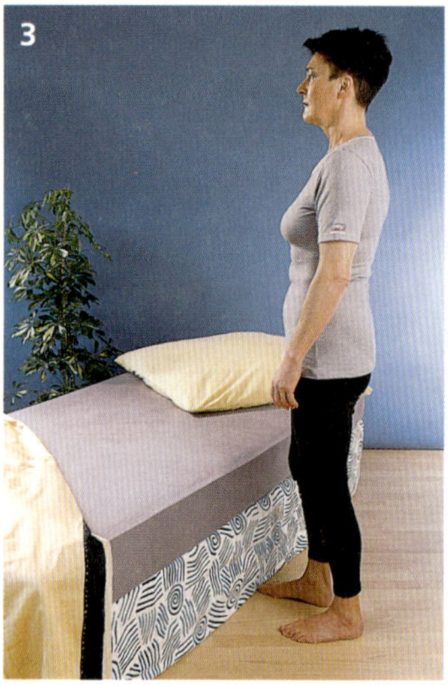

… zum Stehen

Beugen und drehen Sie den Kopf in Richtung der rechten Hand und geben Sie gleichzeitig Druck auf diese Hand. Das Becken wird entlastet und kann der Bewegung des Kopfes folgen. Wenn Sie jetzt Ihr Gewicht auf die Füße bringen, können Sie sich nach und nach – über Füße, Beine, Becken, Brustkorb und Kopf – und mit wenig Energieaufwand zum Stand aufrichten. So im Stehen angekommen, zeigt Ihr Blick nun zum Bett. ‹

Andere Sicht – »neuer Dreh«

Kann es sein, dass mit dem Drehen die Vorstellung verbunden ist, die Kontrolle zu verlieren? »Bei mir dreht sich alles« oder »Mir dreht sich der Kopf«. Für viele Menschen keine schöne Erinnerung. Vielleicht kann das Drehen in einer Situation der Überforderung auch als Phase der Neuorientierung gewertet werden. Vielleicht hört das Drehen auf und die Dinge haben sich neu geordnet. Unter Umständen ist eine andere Sichtweise auf die Sache möglich, die das Drehen verursacht hat.

Mit wenig Energie in Bewegung kommen

Spiralige Bewegungen knüpfen an grundlegende Bewegungsmuster von Kleinkindern an. Ein geringer Energieaufwand und spiralige Bewegungen bedingen sich gegenseitig.

Spiralige Bewegungen können Orientierung geben. Stellen Sie sich eine spiralförmige Murmelbahn vor. Die Murmel bewegt sich fließend auf mehreren Ebenen. Zunächst legt sie einen Weg von oben nach unten zurück. Ebenso rollt sie von links nach rechts und von vorne nach hinten. Spiralige Bewegungen beziehen die drei möglichen Bewegungsrichtungen ein.
Dreidimensionale Bewegungen können auf diese Weise alle Bewegungsrichtungen im Körper kontrollieren. Die Verbindung von drei möglichen Bewegungsrichtungen erleichtert eine Orientierung der Bewegung im Raum.
Da Sie eine handelnde Person sind und nicht wie die Murmel passiv auf die Reise geschickt werden, können Sie mit ein bisschen Energie wieder den umgekehrten Weg von unten nach oben zurücklegen.

Die Wege spiraliger Bewegungen sind länger. Das mag vielleicht an Umweg und mehr Anstrengung erinnern. Das Empfinden des Körpers ist genau umgekehrt. Will sich eine Person hinsetzen, ist es in der Regel so, dass das Gewicht im senkrechten Fall zum Stuhl gehalten und kontrolliert werden muss. In einer spiraligen Bewegung kann das Gewicht nach und nach, in einer fließenden Bewegung, zum Stuhl gleiten bzw. geführt werden.
Umgekehrt wird das Gewicht beim Aufstehen nicht über die Senkrechte hoch gehievt. Stattdessen schraubt sich der Körper in einer fließenden Bewegung nach oben.
Die Oberschenkelmuskulatur ist vornehmlich dafür zuständig, den senkrechten Fall zu vermeiden und das Hochhieven zu gewährleisten. Auch wenn noch viele weitere Muskeln an dieser Bewegung beteiligt sind, liegt doch der Schwerpunkt des Energieaufwandes bei einer großen Muskelgruppe.

Werden wie bei spiraligen Bewegungen verschiedene Bewegungsrichtungen berücksichtigt, verteilt sich die aufzuwendende Kraft auf viele Muskeln. Sie empfinden weitaus weniger Anstrengung. Der Krafteinsatz wird bei einer Spirale auf einem vergleichsweise leichten Gefälle verteilt.
Ein weiterer Vorteil: Die Bewegung ist jederzeit umkehrbar, ohne dass der Energieaufwand verändert werden muss. Dies ist möglich, weil das Gewicht geführt wird. In der westlichen Bewegungskultur wird das Gewicht häufiger gehalten oder getragen. Lässt sich eine Person auf den Stuhl plumpsen, fällt das Gewicht. Ein nicht umkehrbarer Prozess, bei dem die Kontrolle über die Bewegung für einen Moment nicht vorhanden ist. Wenn sich eine Person für diesen Kontrollverlust entscheidet und zuversichtlich ist, sicher zu landen, ist das völlig in Ordnung. Wenn sich das Hinplumpsen aufgrund einer Bewegungseinschränkung vollzieht, kann es sein, dass der Kontrollverlust mit Unsicherheit verbunden ist.
Spiralen zeigen eine große Stabilität bei Druck- und Krafteinwirkung. Gelenke und Muskulatur des menschlichen Körpers sind grundsätzlich dafür angelegt, spiralige Bewegungen auszuführen. Sie gewahrleisten somit größtmögliche Stabilität bei gleichzeitiger Flexibilität.

Gegenseitiges Rollen

- Die gleichen Bewegungsimpulse, die Sie sich selber geben, um sich z.B. vom Rücken auf den Bauch zu rollen, können Sie auch anderen Menschen geben, um sie zu bewegen. Zu Ihrer Entlastung können bettlägerige Personen oder auch Kinder auf diese Weise bewegt werden, wie es auch einfach Spaß machen kann, sich gegenseitig zu rollen und zu drehen.
- Sie können die Bewegung streckend-drehend an Brustkorb, Becken, Beinen und Füßen einleiten.
  Haben Sie eine Vorliebe für einen bestimmten Bewegungseinstieg? Sie werden erfahren, dass es anderen Personen genauso geht. Probieren Sie es aus.

Ü Der umgekehrte Weg: Vom Stehen über das Sitzen zum Liegen

› So wie Sie sich mit spiraligen Bewegungen auf eine körpergerechte Weise vom Liegen zum Stehen hochgeschraubt haben, ist auch der umgekehrte Weg möglich.

Verweilen Sie einen Augenblick im Sitzen. Es kann der Orientierung dienlich sein. Wo sind Sie wie angekommen?
Führen Sie Ihr rechtes Becken etwas nach hinten. Sie sitzen jetzt etwas diagonal zur Bettkante und haben vielleicht das Gefühl, schief zu sitzen. Mit dem rechten Becken schiebt sich auch der rechte Oberkörper nach hinten.

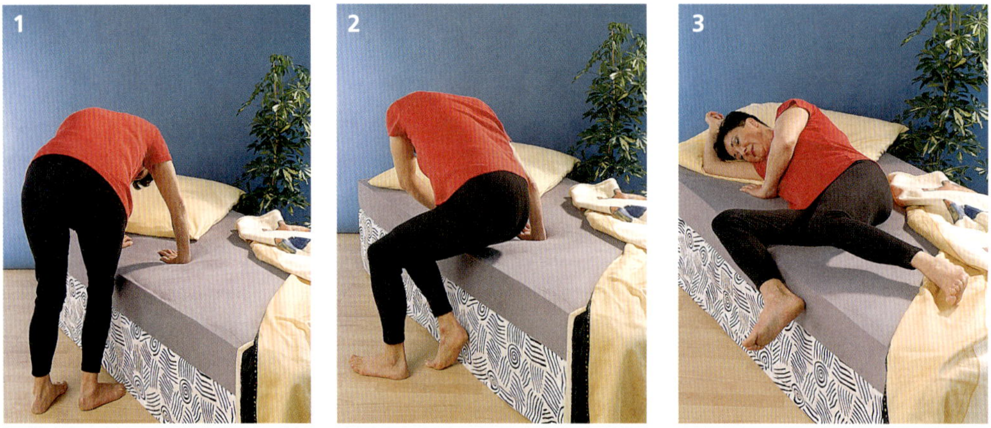

Das Becken leitet die Bewegung zum Liegen drehend und rückwärts rollend ein

Stellen Sie sich mit Ihrer Vorderseite zum Bett. In einer leichten Schrittstellung steht der rechte Fuß vorne. Ihren rechten Arm setzen Sie diagonal vor sich auf die Unterlage. Die Finger zeigen nicht nach vorne, sondern nach links. Der Kopf folgt der Bewegung der Hand. Die Verbindung von Schrittstellung, Oberkörperbeugung und diagonaler Armbewegung leitet die Spirale zum Sitz ein.

Eigentlich braucht der Körper nur noch der eingeleiteten Bewegung zu folgen. Beugen Sie die Beine. Auf diese Weise sind die Kniegelenke nicht blockiert, der Bewegungsfluss wird nicht unterbrochen. Mit der Spirale setzen Sie sich nach und nach auf Ihr Bett. Dieses Nacheinander bedeutet auch, dass der Kopf zuletzt aufgerichtet wird. Die dreidimensionale Bewegung begünstigt, dass die Oberschenkelmuskulatur nicht Ihr Gewicht zu halten braucht und Sie nicht ins Bett plumpsen. Wobei es sehr schön sein kann, ins Bett hineinzuplumpsen, wenn es gewollt ist.

Mit dem linken Becken bleibt auch der linke Oberkörper vorne. Setzen Sie nun die linke Hand rechts neben ihren Oberschenkel. Die Finger zeigen nach hinten. Spüren Sie, wie der Oberkörper in eine Drehung kommt? Wenn Sie nun das Becken nach hinten, also rückwärts rollen, beugt der Oberkörper nach vorne. Der Kopf sinkt zur rechten Seite. Aus der Drehung ist eine Spirale geworden, mit der Sie sich in die Seitenlage begeben.

Wenn Ihre Beine aus dem Bett hängen, können Sie sie, auf der Seite liegend, nacheinander ins Bett heben. Strecken und drehen Sie das linke Bein nach außen und rollen Sie in die Rückenlage.

Vielleicht ist das linke Bein auch schon auf dem Weg in die Seitenlage auf das Bett »gerollt«? Dann ziehen Sie nur noch das rechte Bein nach und strecken die Beine zur Rückenlage hin aus. ‹

Ü Ein Ritual zur Orientierung

› Begrüßen Sie sich morgens selbst? Das vorgestellte Ritual bietet eine Möglichkeit dazu. Durch eigene Berührung und Ausstreichung können Ihre Körpergrenzen klarer wahrnehmbar werden und Sie sich so Orientierung geben.

Wenn Ihnen das ganze Ritual gerade zu viel ist, Sie keine Zeit, keine Ruhe oder einfach keine Lust haben, können Sie entsprechend Ihrer Laune einzelne Körperbereiche ausstreichen. Weniger ist oft mehr: Machen Sie nicht die ganze Übung, nur um sie ganz zu machen! Ihr Spaß daran wird es Ihnen danken.
Es wird zunächst eine Körperseite mit langsam streichenden Bewegungen mehrmals ausgestrichen.

1 Mit der rechten Hand

Die rechte Hand auf die linke Gesichtshälfte gelegt, streichen Sie zum höchsten Punkt am Kopf, dem Scheitelpunkt.

Nach unten geht es weiter über die linke Hinterkopfhälfte, die Rückseite des Halses, über den oberen Rand des linken Schulterblattes. Über die Rückseite des Oberarms streichen Sie weiter bis zur Ellenbogenspitze.

Von der Ellenbogenspitze aus geht es in einer kleinen Spirale über den Unterarm bis zum Handrücken und den Fingerspitzen. Vom Oberarm bis zu den Fingerspitzen haben Sie bereits eine kleine Spirale beschrieben. Dort angekommen, ändern Sie die Streichrichtung. Über Handteller und Ellenbogenbeuge geht es hoch bis zur Achselhöhle. Entsprechend dem Weg nach unten verläuft auch die Strecke nach oben leicht spiralig.

2 Mit der linken Hand

Um Verrenkungen vorzubeugen und um das Ausstreichen besser wahrnehmen zu können, wechseln Sie hier die Hand und streichen ab der Achselhöhle mit der linken Hand weiter. Von der Achselhöhle aus streichen Sie nach hinten auf die linke Brustkorbseite und wieder abwärts über das Becken bis zum Gesäß.
Über das linke Gesäß geht es weiter zum Oberschenkel, die Kniescheibe und das Schienbein. Vom Schienbein kommend, erreichen Sie den längsten, den dicken Zeh. Ist der Scheitelpunkt der höchste Punkt des Körpers, beschreibt der dicke Zeh den tiefsten Punkt.

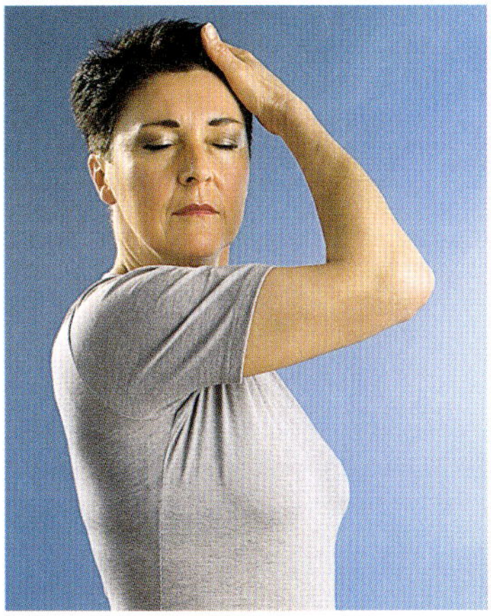

Über die linke Gesichtshälfte ...

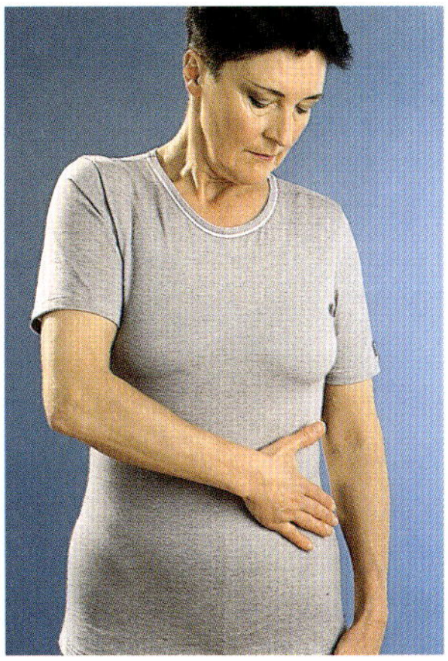

... an der linken Vorderseite des Oberkörpers ...

Entspannen – Bewegen

- Unterstützen Sie im Liegen die Zwischenräume *(siehe Seite 9)*, so fördern Sie eher Muskelentspannung. Das hilft ruhig zu werden.
- Unterstützen Sie die Massen, so fördern Sie eher Bewegungsbereitschaft. Das hilft zum Beispiel Kranken.

Haben Sie wieder die kleine Spirale vom Gesäß bis zum Fußrücken wahrgenommen?
Um das Bein nach oben auszustreichen, verfahren Sie so, wie bereits am Arm geschehen. Über den dicken Zeh gelangen Sie zur Fußsohle. Es folgen Ferse, Wade und Kniekehle.
Von der Kniekehle streichen Sie an der Innenseite des linken Oberschenkels hoch bis zur Leiste.
Wieder sind Sie der Muskulatur von den Zehen bis zur Leiste in einer kleinen Spirale gefolgt. Um zurück zum Ausgangspunkt des Orientierungsrituals zu gelangen, streichen Sie von der Leiste aus über die linke Vorderseite nach oben – über Becken, Brustkorb, Vorderseite des Halses bis zur linken Gesichtshälfte, zum Scheitelpunkt.

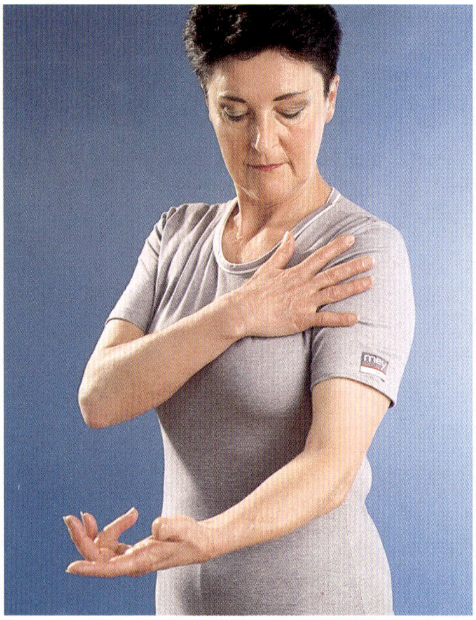

... hoch zum Ausgangspunkt

Haben Sie bemerkt, dass der Weg, den Sie auf einer Körperseite beschrieben haben, die Gestalt einer dreidimensionalen Acht ergibt? Sie sind den beugenden, streckenden und drehenden Muskel- und Gelenkstrukturen des Körpers gefolgt und haben so die Körperebenen vorne und hinten, oben und unten, links und rechts in Ihr Ausstreichen einbezogen.
Dabei sind Sie abwärts der Streckmuskulatur und nach oben streichend der Beugemuskulatur gefolgt.

Das Ritual zur Orientierung kann eine sehr entspannende und wohltuende Wirkung haben. Sie entsteht durch den geordneten Nachvollzug der äußeren Körpergrenzen. Es kann wahrnehmbar werden: »Wo befinde ich mich?« bzw. »Wo fange ich an?« und »Wo höre ich auf?« Die Übung bietet eine Orientierung in dem Raum und in der Zeit, in der sich eine Person befindet und schafft so eine Form des Bei-Sich-Seins und des Bei-Sich-Ankommens. Neben der Selbstwahrnehmung ist sie auch der Beweglichkeit förderlich.

3 Nachspüren

Jetzt noch eine Möglichkeit, wie Sie die Wirkung der Übung intensivieren können. Machen Sie eine kleine Pause, nachdem Sie eine Körperseite mehrmals langsam bearbeitet haben. Nehmen Sie eine Haltung im Stehen oder Sitzen ein, in der die Füße und Beine gleichmäßig belastet sind oder legen Sie sich auf den Rükken. In diesen Haltungen ist es einfacher, dem Empfinden in der rechten und der linken Körperseite nachzuspüren. Nehmen Sie für sich Unterschiede wahr? Manchmal wird die zuerst bearbeitete Seite als deutlicher spürbar, größer, wärmer usw. beschrieben. Wenn Sie abwechselnd und behutsam den linken und rechten Arm, das linke und rechte Bein bewegen, kann es sein, dass die bereits bearbeitete Seite sich leichter bewegt. Mit einer kurzen Bestandsaufnahme vor dem Seitenwechsel sind die Unterschiede zwischen dem Vorher und dem Nachher deutlicher zu spüren – und manchmal eine Idee faszinierender.

Der Tag kann beginnen ... ❮

Beobachtung im Alltag

- Spiralige Bewegungen nehmen einen Bewegungsfluss auf und unterbrechen ihn nicht, auch beim Fensterputzen. Von rechts nach links gewischt, müssen Sie den Schwung, am Ende der Bewegungsrichtung angekommen, abbremsen. Das erfordert Energie. In eine neue Richtung zu starten, kostet wieder Energie. Wenn Sie das Wischen in Form einer liegenden Acht ausführen, können Sie Ihren Bewegungsfluss in die veränderte Richtung weiterlenken.

Stehen –
Wie steht's?

**Wartezeit,
Stehzeit,
Zeit der müden Beine,
Zeit zum Ärgern oder
Zeit für eine kurze
Bestandsaufnahme**

Ü Wie stehe ich da?

1 Bestandsaufnahme

› Freuen Sie sich auf Warteschlangen in Supermarkt, Kantine und Kino! – Das funktioniert natürlich nicht. Auf Anordnung schon gar nicht. Da Sie aber in den meisten Fällen nicht zu vermeiden sind, könnten Sie einen Versuch unternehmen, Wartezeiten, stehende Zeiten, sinnvoll für sich zu nutzen: Mit den Fragen »Wie stehe ich da?« und »Wie steht's mit mir heute oder gerade jetzt?« sind Sie Ihrer momentanen Befindlichkeit auf der Spur. Sie helfen im alltäglichen Treiben, Momente des Zu-sich-Kommens zu schaffen.

Haben Sie Zeit für eine kurze Bestandsaufnahme? Gehen Sie mit Ihrer Aufmerksamkeit zu den Füßen. Zu den Fersen, den Außenkanten der Füße, den Innenkanten, zu den Ballen und Zehen. Wo spüren Sie Gewicht auf den Füßen? Gibt es Unterschiede, wie der linke und wie der rechte Fuß belastet ist?

Fahren Sie fort mit Ihrer Bestandsaufnahme. Lenken Sie Ihre Wahrnehmung auf die Knie. Sind die Knie durchgedrückt oder gebeugt? Das Becken? Vielleicht ist es nach hinten gestreckt; es bildet sich ein Hohlkreuz. Ist es aufgerichtet, fällt es auch dem Rücken leichter, sich aufzurichten. Ist es gebeugt, fühlt sich der untere Rücken eher rund an. Wie richten Sie sich in Ihrem Rücken auf? Im unteren Rücken, in der Lendenwirbelsäule, in der Brustwirbelsäule und dem Bereich zwischen den Schulterblättern? Wie liegen die Schultern auf dem Brustkorb auf? Ziehen Sie sie eher hoch? Sind sie nach vorne gebeugt oder nach hinten gestreckt? Haben Sie das Gefühl, dass die Schultern entspannt liegen und die Arme locker baumeln können? Wie trägt der Hals den Kopf? Was machen Sie für ein Gesicht? Wie stehen Sie da?

2 Der körperökonomische Stand

Je mehr bewusste Steherfahrungen Sie sammeln, desto klarer können Sie einordnen, wie Sie sich in den verschiedenen Haltungen erleben. Der körperökonomische Stand bietet quasi eine neutrale Ausgangshaltung, in der der Körper in seinen Strukturen optimal ausgerichtet und der Organismus am wenigsten belastet ist.

Die Füße stehen hüftbreit und parallel. Manchmal ist es gar nicht so einfach, ein Gespür für die eigene Hüftbreite zu entwickeln. Vergewissern Sie sich deshalb noch einmal, ob die Füße tatsächlich hüftbreit stehen. Die Knie sind leicht gebeugt, nicht durchgedrückt. Das Becken ist leicht nach hinten gekippt – gebeugt, so dass sich das Steißbein in Richtung Boden bewegt. Manche Menschen haben in dieser Position ein Gefühl, als wollten sie sich hinsetzen.

Das Becken ist in dieser Kultur mit vielfältigen Tabus belegt. Ein Gespür für das Becken und seine Haltung durfte sich aus diesem Grund häufig nicht entwickeln.

Der körperökonomische Stand

Das Becken ist nach vorne geneigt gestreckt

Ein Bild kann dabei behilflich sein, sich seiner neu gewahr zu werden. Können Sie sich Ihr Becken als eine gefüllte Schale vorstellen? Wenn Sie die Schale nach hinten kippen, fließt auch die Flüssigkeit zum hinteren Schalenrand. In dieser Position beugen Sie Ihr Becken. Lassen Sie die Flüssigkeit zum vorderen Rand fließen, strecken Sie das Becken.

Im körperökonomischen Stand ist das Becken derart ausgerichtet, dass Sie das Gefühl haben, die Flüssigkeit in der Beckenschale ist gleichmäßig verteilt.

Mit der Lenden- und Brustwirbelsäule richtet sich der Oberkörper auf dem Becken auf. Die Arme hängen locker aus den Schultern. Bewegen Sie Schultern und Arme, um zu überprüfen, ob die Arme in den Schultern loslassen. Der Nacken trägt aufgerichtet den Kopf. Vielleicht nehmen Sie einen imaginären Faden zu Hilfe, der den Kopf vom Scheitelpunkt aus nach oben streckt. Das Kinn ist leicht angezogen und zeigt zum Brustbein. Es kann das Gefühl von einem leichten Doppelkinn entstehen.

Wie erleben Sie sich in diesem Stand? Wie ist der Kontakt der Füße zum Boden? Haben Sie das Gefühl von optimaler Aus- und Aufrichtung, wie es die Anleitung verspricht? Es kann durchaus sein, dass Sie sich vorkommen wie hingestellt. Das wäre nicht verwunderlich, spricht aber auch nicht gegen den körperökonomischen Stand. Es zeigt nur die Schwierigkeit, von außen gesetzte Kriterien nach innen nachzuvollziehen.

Als Korrekturhilfe macht der körperökonomische Stand Sinn. Die Anleitung alleine vermittelt aber nicht Aufrichtung und Standfestigkeit. Sie reicht nicht aus, um den Boden als Basis zu nehmen, als den Grund, auf dem Menschen sich bewegen. ❮

Sprach-Stand

»Unter der Obhut von jemandem stehen«, »unter Zeitdruck« und »unter Dampf« stehen: Stehen taucht in der Sprache auf vielfältige Weise auf. Wenn etwas als besonders gut empfunden wird, kann man »darauf stehen«. Verstehen kann gleichgesetzt werden mit verständig sein, etwas zu begreifen und geistig zu erfassen. Wirklichkeitsnahe Personen stehen »auf dem Boden der Tatsachen«. Andere Menschen zeigen schon mal »Widerstand«.

Evolution des Stehens

Die Fähigkeiten des Stehens und der aufrechte Gang sind relativ jung – gerade mal eine Million Jahre.

Sie entwickeln sich in der Evolution als Anpassung an sich verändernde Lebensbedingungen und stellen vielleicht die wesentlichen Unterschiede zu den Tieren dar. Mit der Aufrichtung organisiert sich die Wirbelsäule derart, dass der Kopf frei beweglich und das Rückgrat entlastet wird. In der Folge können sich die unteren Gehirnteile entwickeln, die Augen orientieren sich horizontal. Zunge, Lippen und Rachen werden beweglich: Voraussetzung für die Entstehung von Sprachfähigkeit.

Das freie Stehen, das jedes Kind für sich neu entdeckt und entwickelt, ist die individuelle Wiederholung eines Prozesses der Evolution, der sich über Tausende von Jahren entwickelt hat.

Stehen als Innehalten und als Bestandsaufnahme

Gelegenheit zum Innehalten

Alltag ist vielschichtig und umfassend. Diese Tatsache scheint zu banal und zu alltäglich, als dass sie einfach ignoriert werden sollte; schließlich spielt sich im Alltag, in den alltäglichen Dingen das Leben ab. Vieles wiederholt sich, wird wiederholt und ist als Muster abrufbar.

Innehalten, um weiterzugehen

Das schafft zum einen Sicherheit und Berechenbarkeit; beides sind grundlegende und legitime Bedürfnisse. Zum anderen wäre es nicht bewältigbar und sinnlos, würden Sie in ähnlichen Situationen immer wieder anfangen, Grundsätzliches zu überlegen: Handlungsmuster erleichtern den Alltag und das ist gut so. Manchmal kann es jedoch sinnvoll sein, innezuhalten und zu überprüfen, ob ein Handlungsmuster noch angemessen ist oder ob Sie es verändern wollen.

Kennen Sie trotz vielfältiger Handlungsmuster das Gefühl, nicht mehr zu wissen, wo Ihnen der Kopf steht? Obwohl Stehen doch von den Füßen ausgeht! Stehen ist eine so alltägliche Tätigkeit, dass sie selten als Tätigkeit wahrgenommen wird. Mit einem Stehen-Bleiben, einer Bestandsaufnahme können Sie sich erlauben, für eine Weile aus der Komplexität des Alltags auszusteigen und bei sich selber anzukommen, bei sich selber anwesend zu sein. Ihre wahrgenommene Befindlichkeit kann der Ausgangspunkt für weiteres Handeln sein oder Sie ordnen sich mit einer Bestandsaufnahme wieder neu in eine Situation ein. Was Bestand hat, ist nicht so leicht zu erschüttern.

Extrazeiten benötigen Sie dafür grundsätzlich nicht. Jeder Mensch verbringt viel Zeit am Tag mit Warten: am Geldautomaten, im Kiosk, am Fahrkartenschalter, auf das Kind oder eine Freundin, einen Freund, …
Bestandsaufnahmen können Antworten auf die Fragen geben: »Wo stehe ich?« und »Wie stehe ich da?«; »Wie ist meine momentane Befindlichkeit?«
Sie schaffen Gegenwart und die bewusste Anwesenheit in ihr. Mit ihnen nehmen Sie den aktuellen Stand Ihres Stehens, einer Sache, einer Situation auf. Sie bieten die Möglichkeit wahrzunehmen, was jetzt ist. Wo und wie haben die Füße jetzt Kontakt zum Boden? Wie sind jetzt, im Moment, die Knie, das Becken, Rücken und Nacken, der Kopf zu spüren? Bestandsaufnahmen sind also zunächst einmal neutral. Mit ihnen wird festgestellt und nicht gewertet. Sie fördern Gesundheit und Wohlbefinden, wenn mit ihnen wertschätzend umgegangen wird.

Bei-sich-Ankommen kann Sicherheit vermitteln: Erst einmal für sich und dann auch für die engere und weitere Um- und Mitwelt. Wenn eine Person zu sich steht, kann sie auch auf andere zugehen. Wenn sie will!

Bei-sich-Ankommen dauert

Dauer – ein modernes Schlagwort! Sicher nicht in einer Kultur, die einseitig auf Beschleunigung ausgerichtet ist, die Zeit spart durch Technisierung und Rationalisierung, in der die zeitliche Verdichtung von Arbeitsabläufen und die Abschaffung von Übergängen vorrangig behandelt werden. Mit der Umsetzung dieser Prämissen bleiben Gefühle von Sicherheit und

Zuverlässigkeit auf der Strecke; und sind doch so sehr gewünscht! Eine Bedrohung läuft häufig mit: Wenn etwas rasch entsteht, vergeht es auch rasch.

Es ist kein Irrglaube, anzunehmen, dass fortwährender Zeitgewinn mit Verlusten auf anderen Ebenen verbunden ist. Dieser Widerspruch von Zeitgewinn und Verlust ist nicht aufhebbar. Zeitdruck und Strategien zum Zeitgewinnen sind oft oder immer wieder Bestandteil alltäglichen Lebens und nicht zu verhindern. Wenn der Widerspruch schon nicht aufhebbar ist, kann es nur um eine Einbindung von Beschleunigung und Entschleunigung, von Veränderung und Stabilität, von Sicherheit und Unsicherheit in die eigenen Lebensprozesse gehen. Wo dies nicht gelingt, kann schon einmal der Boden unter den Füßen wegrutschen. Umgekehrt kann es in Zeiten höchsten Glücksgefühls durchaus hinderlich sein, mit beiden Füßen fest auf dem Boden stehen zu müssen.

Hilfe beim Stehen

Antworten auf die Fragen: »Wie spüre ich mich?«, »Was will ich?« und »Wie will ich?« ermöglichen ein Bei-sich-Ankommen. Sich einlassen auf das Erleben von Entschleunigung und Dauer in einer Welt der Beschleunigung und Kurzlebigkeit kann Schutz und Sicherheit schaffen. Übergänge und Zusammenhänge werden erlebbar, indem sich Bestandteile der Vergangenheit in der Gegenwart fortsetzen, sich Zukünftiges mit dem Gegenwärtigen verbindet. Nicht das Hetzen von Zeitpunkt zu Zeitpunkt ist die Qualität von Entschleunigung und Dauer, sondern das Erleben von Zeiträumen. Prozesse des Ankommens haben als Übergänge eine wichtige Mittlerfunktion: Sie sind Zwischenzeiten und Zwischenräume mit Krisencharakter. In ihnen finden häufig die wesentlichen und nicht vorhersehbaren Dinge statt. Sie bestimmen den Charakter des Zieles. Sie füllen das aus, was zwischen Vertrautem und Ungewissem liegt und verbinden Lebensbereiche – sind verbindlich. Erfahrungen mit der Dauer, das Wissen darum, wo und wie Sie sich befinden, ermöglicht auch Beschleunigung ohne Chaos. Es sei denn, Sie entscheiden sich für das Chaos!

Kraft der Gedanken

Obwohl ihre Füße und Ihr Rücken eigentlich nicht wollen, sehen Sie sich am Morgen doch gezwungen, die wunderschönen, aber engen Pumps anzuziehen? Jetzt müssen Sie auch noch in den Schuhen stehen, die Füße schwellen im Laufe des Tages an, die Schuhe drücken immer noch ...

Senden Sie Ihren Füßen liebevolle Gedanken. Streifen Sie in ihrer Phantasie die Schuhe ab und laufen Sie über einen Boden, der Ihnen Wohlbefinden verschafft. Ein weicher Waldboden, es riecht nach Laub und Harz, die Vögel singen. Vielleicht gefällt Ihnen die Vorstellung von einem Spaziergang am Strand mehr. Trockener und nasser Sand schmiegt sich an die Füße und hinterlässt Ihre Spuren. Eine feuchte Wiese...

Hilfestellung

- Besorgen Sie sich Unterstützungsflächen. So schaffen z. B. »Stehhilfen« Entlastung im Haushalt beim Bügeln und Essen vorbereiten, oder wenn Sie längere Zeit stehend an einer Maschine verbringen.
- Abwechselnd die Füße auf einen niedrigen Hocker zu stellen entlastet ebenso, wie beim Abwaschen die Oberschenkel an die Spüle zu lehnen.

Sich wohlwollend anschauen können. Auch das dauert ...

Entlasten Sie sich!
Stehen ist häufig nicht zu vermeiden. Um Rücken und Beine zu schonen, können Sie sogenannte Entlastungshaltungen in Ihren Alltag integrieren.

- Müssen Sie sich häufig über Tische oder sitzende Personen beugen? Stützen Sie sich so oft wie möglich mit einem, besser noch mit beiden Armen ab und zwar mit geradem Rücken. Das hat nichts mit Trägheit, sondern nur mit ausgeglichener Körperstatik zu tun.
- Erleichterung bringt es auch, den Oberkörper flach an eine Wand zu lehnen. Die Beine hüftbreit und in den Knien gebeugt. Die Füße stehen etwas entfernt von der Wand, so dass Sie ein stabiles Gefühl haben.
- Kontrollieren Sie immer wieder, ob Ihre Knie im Stehen gebeugt sind, das Becken sich in Richtung Boden senken kann.

Peter Handke hat ein langes Liebesgedicht über die Dauer geschrieben. Er umschreibt das Gefühl der Dauer als
»ein Ereignis des Aufhorchens, ein Ereignis des Innewerdens,
ein Ereignis des Eingeholtwerdens,
wovon? von einer zusätzlichen Sonne, ...«
Er spricht von der
»Wärme der Dauer«, von der »Tröstung der Dauer«
»... Auf die Dauer ist kein Verlaß: ...
Zu wissen glaube ich,
dass sie möglich nur wird,
wenn es gelingt,
bei meiner Sache zu bleiben.
und dabei behutsam zu sein, aufmerksam, langsam,
voll Geistesgegenwart bis in die Fingerspitzen.
Aber was ist die Sache? ...«
»... auch dir selber geneigt bleiben über die Jahre,
kann dir Dauer geben.
Mir freundschaftlich in die Augen blicken zu können,
spricht mich manchmal frei.
An das Kind denken zu können, welches ich war,
heißt schon, es wiederzufinden.
Nachsicht zu üben mit meinen Mängeln
(nicht mit meinen Übergriffen), ...
... Wohl einem jeden, der seine Orte der Dauer hat; ...«
In der Stille der Dauer
»weiß ich, was ich tue,
und indem ich weiß, was ich tue, erfahre ich, wer ich bin ...
... Wer nie die Dauer erfuhr, hat nicht gelebt.
Die Dauer entrückt nicht, sie rückt mich zurecht.
Aus dem Scheinwerferlicht des Tagesgeschehens
flüchte ich entschlossen ins ungewisse Lager der Dauer ...«

Ü Stillgestanden – und was noch?

› Wer kennt sie nicht, die Aufforderungen: »Stell' dich gerade hin!«; »Laß die Schultern nicht so hängen!«; »Lass dich nicht so hängen!« Die Aufforderung: »Jetzt sei mal ein bißchen lockerer!« geht eher in die Richtung von »Stell dich nicht so an!«
Die ausgeklügelsten Formen des Stramm-Stehens gehören seit jeher zum Drill der Soldaten. Probieren Sie diese Haltung einmal aus und nehmen Sie es als ein Extrem, das im Alltag selten so vorkommt; wohl aber in seinen Abschwächungen.

1 Stillgestanden

Zentral ist, dass Sie still stehen. Die Füße berühren sich mit den Hacken. Die Fußspitzen zeigen so weit nach außen, dass die Füße nicht ganz einen rechten Winkel bilden. Die Beine sind straff und hart gespannt. Die Fußgelenke strecken sich mit dieser Anspannung. Es gilt die überall vorhandene Vorschrift: Bauch einziehen und Becken zurückziehen. Strecken Sie die Brust etwas heraus. Die Arme hängen mit leicht vorgedrückten Ellenbogen herab. Achten Sie darauf, dass eine Handbreit Zwischenraum zwischen Ellenbogen und Körper entsteht. Die Hände befinden sich gestreckt an der Hosennaht. Den Nacken straff gespannt wird der Kopf aufrecht gehalten. Sie gucken geradeaus. Der Mund ist geschlossen.

Da der Körperschwerpunkt in der Haltung leicht nach vorne verlagert ist, muss die Körperrückseite mit der Waden-, Oberschenkel- und Rükkenmuskulatur angespannt werden, damit Sie nicht nach vorne kippen.

Wie erleben Sie in dieser Haltung den Kontakt der Füße zum Boden? Wo und wie spüren Sie Atmung, wenn Sie auf diese Weise stehen? Wie wirkt die von außen aufgesetzte Haltung nach innen weiter? Wie nehmen Sie in solch einer Haltung Kontakt zu anderen Personen auf?

Noch im Fallen: Stramme Haltung

Entdecken Sie Bereiche, in denen Sie in Ihrem Alltag stramm stehen? Das müßte nicht verwundern. Stellen Anstrengung, Leistungsbereitschaft und Disziplin doch noch immer hoch angesehene Werte in dieser Gesellschaft dar.

2 Lässig lümmeln

Wie wäre es, einmal den umgekehrten Weg zu gehen? In der vorherigen Übung ist detailliert eine äußere Haltung beschrieben worden, die nach innen weiterwirken kann.
Wie könnten Sie einem besonders lässigen oder coolen Gefühl nach außen Haltung verleihen? Wie wäre Ihre Fuß- und Beinhaltung, der Kontakt der Füße zum Boden? Wie die Haltung des Oberkörpers? Wie ordnen sich die Schultern und Arme der Haltung zu? Ist der Kopf nach vorne gebeugt oder mehr nach hinten gestreckt? Zur Seite geneigt? Stimmt die innere mit der äußeren Haltung überein? Wie nehmen Sie in solch einer Haltung Kontakt zu anderen Personen auf?

3 Standfest

Wie könnte es möglich sein, einer Haltung Ausdruck zu verschaffen, die sich zwischen den Polen bewegt: zwischen der strammen Haltung und ihren Abstufungen einerseits und dem Sich-hängen-Lassen, Cool-Sein, Keiner-kann-mich-mal, anderseits. Einer Haltung, die sich ebenso an den Kriterien des körperökonomischen Standes orientiert?
Dies würde zum einen bedeuten, die Füße als Vermittler zwischen Boden und ganzer Person anzuerkennen. Das bedeutet auch anzuerkennen, dass Stehen und Aufrichtung von den Füßen ausgehen. Bei allen Haltungen, die fordern, Becken und Bauch einzuziehen und vielleicht zusätzlich noch erwarten, die Brust nach vorne zu schieben, ist der Schwerpunkt des Körpers künstlich nach oben verlagert. In diesen Haltungen ist es nicht möglich, Boden unter die Füße zu bekommen. Auf der Ebene von Bewegung können Ihnen Wippen und Federn dabei behilflich sein. Stampfen unterstützt diesen Prozess auf einem höheren Energieniveau.

Ausgangshaltung ist der körperökonomische Stand *(siehe Seite 20)*. Beginnen Sie mit einer kurzen Bestandsaufnahme: »Wie stehe ich da?«, »Wie fühle ich mich aufgerichtet?«
Kommen Sie von den Fußgelenken ausgehend in ein leichtes Wippen. Die Fersen bleiben am Boden. Knie und Becken federn mit. Die Vibrationen des Wippens setzen sich über die Wirbelsäule fort. Vielleicht nickt das Kinn ein wenig. Bewusstes Ausatmen in Verbindung mit Seufzen, Stöhnen und Tönen fördert das Loslassen von Spannungen.
Wenn Sie mögen, intensivieren Sie das Federn. Verlassen die Fersen dabei den Boden, ist es wichtig, den Schwung des Federns nicht vor dem Boden abzufangen. Mit jedem Wippen setzen Sie den Fuß ganz auf; die Schwungenergie kann in den Boden fließen. Stoppen Sie die Bewegung über dem Boden, bleibt die Energie in den Waden und führt dort zu Spannungen, manchmal zu Krämpfen.
Sie können federnd das Gewicht von einem Bein auf das andere verlagern.
Lassen Sie die Bewegung allmählich ausklingen, das Gewicht ist auf beiden Füßen gleichmäßig verteilt.
Beenden Sie die Übung mit einer kurzen Bestandsaufnahme: »Wie stehe ich da?«, »Wie fühle ich mich aufgerichtet?«

Intensiv durchgeführt ist die Übung nichts für »zwischendurch«. Haben Sie ihr Prinzip einmal erfahren, können Sie auch in Ihrem Alltag wippen und federn: Wenn Sie im Stehen telefonieren, alleine im Fahrstuhl, beim Warten am Kiosk … ❮

Verweilen

Wie wäre es mit verweilen, statt still zu stehen? Steht ein Organismus still, ist alle Lebendigkeit aus ihm gewichen. Verweilen steht für eine kurze Zeitspanne, die Ruhe, die Rast, den gelebten Moment und Augenblick. Verweilen steht für Loslassen und Zulassen, für das Nichtwissen und Unkontrollierbare, für das Geschehenlassen – ein Moment kommt, ein anderer zieht vorbei …
Verweilen steht auch für die Erlaubnis, anwesend zu sein, in seiner sozialen Umwelt und bei sich selbst.

Federn und Wippen

- Federn und Wippen können darin unterstützen, in die Füße zu kommen. Dem Kopf als »Schaltzentrale« kommt immer größere Bedeutung zu, während die Füße in ihren Fähigkeiten degenerieren. Obwohl sie noch oder immer noch die Basis menschlichen Seins darstellen. Federn und Wippen lenken die Aufmerksamkeit auf die Füße.
- Verspannungen der Muskulatur in Beinen, Becken, Rücken, Schultern, Armen und Nacken können durch das Wippen quasi locker gerüttelt werden, lösen sich auf freundliche Weise. Die in den Verspannungen gehaltene Energie kann freier fließen.

Ü Standpunkte von Frauen und Männern

› Die Art und Weise, wie eine Person steht, lässt häufig Rückschlüsse auf ihre Befindlichkeit zu. Daneben existieren Haltungen – auch im Stehen –, die Rückschlüsse darauf geben können, wie eine Person »im Leben dasteht«. Es gibt Körpersprachen, die in deutlichen Tendenzen Frauen oder Männern zugeordnet werden.

1 Schmal und eng

Schmal und eng sind die grundlegenden Kennzeichen der zunächst vorgestellten verschiedenen Bein- und Fußhaltungen. Wenn Sie sich einen spielerischen Umgang mit diesen Haltungen zugestehen, werden Ihnen im Ausprobieren noch sehr viel mehr Möglichkeiten einfallen: Belasten Sie die Beine gleichmäßig und verlagern Sie anschließend das Gewicht etwas auf das eine und dann auf das andere Bein. Stellen Sie die Beine eng zusammen, so dass sie sich fast berühren. Stellen Sie sich breitbeiniger, aber nicht hüftbreit hin. Die Fußspitzen zeigen gerade nach vorne. Wenn Sie sie öffnen möchten, dann nur leicht.

Neigen Sie in der genannten Beinhaltung den Oberkörper etwas zur Seite. Wie erleben Sie sich in dieser Haltung?
Wie fühlt es sich an, die Fußspitzen nach innen zu richten? Einen Fuß – beide Füße? Sie können dabei die Beine eng zusammen oder etwas weiter auseinander stellen.

Eine enge und schmale Haltung

Der Umgang mit Standbein und Spielbein charakterisiert das Stehen wesentlich. Das Standbein trägt das Gewicht. Das Spielbein umspielt das Standbein in unterschiedlichen Haltungen und wird nicht oder kaum belastet.
Platzieren Sie das Spielbein unterschiedlich weit vom Standbein entfernt, aber immer so, dass dessen Knie in Richtung Standbein zeigt.
Ändern Sie die Beinhaltung, indem Sie den Spielbeinfuß seitlich sehr nah an den Standbeinfuß, der etwas nach außen zeigt, heranziehen. Sie könnten sich an eine Grundhaltung im klassischen Ballett erinnert fühlen.

Der Fuß des Spielbeins bleibt nah stehen. Diesmal wird er jedoch parallel oder fast parallel und in geringem Abstand vor den Fuß des Standbeins gesetzt. Lediglich die Spitze ist aufgesetzt, das Fußgelenk knickt leicht nach innen. In anderen Spielbeinvariationen knickt das Fußgelenk nach außen.
Versuchen Sie, das Spielbein unterschiedlich weit über das Standbein zu kreuzen. Halten Sie den Oberkörper aufrecht oder knicken Sie ihn in der Hüfte etwas seitlich ab.

Wie ist Ihre Standfestigkeit in den vorgestellten Haltungen gefordert? Wie wirken die von außen gesetzten Haltungen nach innen fort? Was für Bilder und Empfindungen erleben Sie in diesen Haltungen? Welches Bein benutzen Sie automatisch als Spielbein? Als Standbein? Wechseln Sie die Seiten? Eigentlich ist es das gleiche und wird sich doch fremd anfühlen.

Kombinieren Sie die Bein- und Fußhaltungen mit verschiedenen Arm- und Handhaltungen. Auch hier ist »sich schmal Halten« oberstes Gebot. Sie erreichen das vor allem, wenn die Ellenbogen nah am Körper liegen, ihre Handrücken nicht nach vorne, sondern seitlich gehalten werden.
Winkeln Sie einen Arm an und halten ihn in Bauchhöhe. Dabei ist es unerheblich, ob Sie eine Tasche im Arm haben oder nicht.

Weite und breite Stehhaltungen

Winkeln Sie diesen Arm etwas stärker an, so dass sich die Hand in Brusthöhe befindet. Die Finger streifen das Schlüsselbein oder scheinen etwas am Pullover- oder Blusenausschnitt zu suchen. – Die Hand als Schmuckstück? Winkeln Sie den Arm noch etwas stärker an: Die Finger sind jetzt nah am Gesicht in Höhe des Mundes. Sie können Mund und Kinn auch berühren, die Hand seitlich an Gesicht und Hals legen, die Haare streifen.
Eine Hand auf den hängenden Unter- oder Oberarm gelegt? Die Arme verschränkt und die Oberarme dabei umfasst? Über die hochgezogene Schulter geguckt? Die Hände berühren sich in Brusthöhe an den Fingerspitzen oder sind ineinander gelegt? Wie wirkt die Haltung der Arme auf die Haltung des Oberkörpers? Wo spüren Sie Atmung? Wie erleben Sie sich in diesen engen Körperhaltungen?
Recken und strecken Sie sich anschließend ausgiebig.
Bei Frauen sind diese Haltungen eher anzutreffen als bei Männern.

2 Weit und breit

Probieren Sie andere Stehhaltungen aus, die sich eher durch Weite und Breite auszeichnen. Wie wirken diese Haltungen auf Sie und in Ihnen?
Belasten Sie die Füße gleichmäßig. Die Knie sind durchgedrückt. Die Hacken berühren sich, die Fußspitzen zeigen fast im rechten Winkel auseinander. Man könnte auch sagen in »Paradehaltung«. Auch in einer breiteren Beinhaltung ändert sich Ihre Fußhaltung nicht.
Stellen Sie die Beine in der genannten Fußhaltung mehr als hüftbreit. Verschränken Sie die Arme und neigen Sie den Oberkörper leicht nach hinten. Sie können dabei auch mit leicht erhobenem Kinn über eine Schulter schauen. Wie erleben Sie sich in dieser Haltung?
Auch bei diesem Experimentieren spielen Standbein und Spielbein eine wesentliche Rolle.
Probieren Sie Haltungen aus, in denen Sie das Knie des Spielbeins betont nach außen drükken. Ihr Körperschwerpunkt verlagert sich, wenn das Knie in diesen Positionen leicht gebeugt oder durchgedrückt ist.
Stützen Sie sich mit dem Unterarm oder der Hand z. B. auf einem Schrank oder einer Stuhllehne ab. Vielleicht lehnen Sie sich mit der Schulter irgendwo an. Mit dieser Stütze kreuzt das Spielbein Ihr Standbein. Sie stellen lediglich die Fußspitze des Spielbeins auf.

Die Haltungen des Stehens verändern sich mit der Rolle der Geschlechter

Sie können das Spielbein auch hoch auf einem Stuhl, einem Absatz postieren. So hoch, dass zwischen Ober- und Unterschenkel ein etwa 90° Winkel entsteht: Eine Haltung, die auf sehr bequeme Weise den Rücken entlastet. Sie unterstützen diese Entlastung noch mehr, wenn Sie den Unterarm hüftnah auf dem Oberschenkel abstützen.
Auch diese Beinhaltungen können mit verschiedenen Armhaltungen kombiniert werden. Grundsätzlich gilt: Sie halten die Arme im Abstand zum Körper, die Ellenbogen sind mal weniger, mal stärker nach außen gedrückt. Häufig zeigen die Handrücken dabei nach vorne. Vielleicht haben Sie eine oder beide Hände in die Hosentaschen gesteckt? Sie bleiben im Oberkörper aufgerichtet, lehnen sich eventuell etwas zurück, drücken die Ellenbogen nach außen.
Die Hände übereinander legen? – Aber dann in Höhe des Beckens oder auf den Rücken. Oder vielleicht einmal die Aufschläge von Jacke oder Bluse gefaßt? Achten Sie darauf, dass die Hände sich nicht berühren, die Ellenbogen weiterhin nach außen zeigen.

Wie erleben Sie sich in diesen Stehhaltungen? Wie wirken die äußeren Haltungen nach innen weiter? Wo spüren Sie Atmung? Wo Spannungen? Wie nehmen Sie Ihren Standpunkt wahr?
Recken und strecken Sie sich anschließend ausgiebig.
Bei Männern sind diese Haltungen eher anzutreffen als bei Frauen.
In welchen Haltungen erleben Sie sich in welchen Situationen? In welchen Haltungen fühlen Sie sich wohl? Beantworten Sie sich diese Fragen unabhängig davon, welches Standvermögen von Frauen und Männern erwartet wird. ❮

Feminine Haltung

Frauen nehmen im Stehen wie auch im Gehen eher Haltungen ein, die sie kleiner und weniger bestimmt erscheinen lassen. »Ich komme mir so gütig und freundlich vor, wenn ich so wenig Raum einnehme.«
Sind Frauen in Illustrierten in sogenannten männlichen Haltungen abgebildet, werden die Bilder häufig so inszeniert, dass die Frauen sich sexuell anbietend oder schlicht albern wirken.

Imponierend?

Imposant und wichtig: Ein Hauch von Bedeutsamkeit umgibt das Stehen mit breiten Beinen und nach außen zeigenden Fußspitzen. Abgespreizte Ellbogen, den Körper zusätzlich leicht nach hinten gebeugt, machen meist aus Männern kleine Helden.

Richtiges Schuhwerk

Untersuchungen haben ergeben, dass vor allem Kinder mit schmalen und weichen Füßen ungeeignete Schuhe verpasst bekommen. Dies trifft häufiger auf Mädchen zu. Sie bewegen sich deutlich häufiger als Jungen in zu kurzen Schuhen.
Dagegen werden Schuhe für Jungen eher zu groß gekauft, was bei kräftigeren Füßen allerdings nicht ganz so viel Schaden anrichtet. Sollte es immer noch so sein, dass Eltern ihre Töchter lieber in kleinen und zierlichen Schuhen sehen, damit Aschenputtel den Prinz findet, und dem Sohn wünschen, dass er künftig »auf großem Fuß« leben kann?

Auf Füßen stehen, auf Füße stehen

Vom Kopf in die Füße kommen

Füße bilden das Fundament des menschlichen Körpers. Auf den Füßen stehend ist Aufrichtung möglich. Intellektuelle Fähigkeiten spielen in diesem Kulturkreis jedoch eine immer größere Rolle. Die Füße sind am weitesten vom Kopf entfernt. Eine einfache Feststellung, aber vielleicht ein Grund dafür, dass den Füßen so wenig Beachtung zuteil wird?
Füße stellen den Übergang vom Ich zum Boden, auf dem man sich bewegt, dar und bieten so einen vielfältigen Spiegel für die eigene Befindlichkeit. Volksweisheiten sind da sehr genau: »Mit beiden Füßen fest auf dem Boden stehen«; »im Boden versinken«; »es rutscht der Boden unter den Füßen weg« oder »über dem Boden schweben«.
Die Art und Weise, wie eine Person die Füße für ihren Stand und ihre Stützung nutzt, kann eine wunderbare Informationsquelle dafür sein, wie ihre momentane Befindlichkeit ist. Häufig ist die Qualität des körperlichen Standes dem seelischen Stand ähnlich. Die Füße erhalten ihre Wichtigkeit, weil sie mit der Wirklichkeit, dem Boden und der Schwerkraft, in direktem Kontakt stehen.

Alte Füße – junge Füße

Über die Füße findet ein energetischer Austausch mit der Erde und dem Boden statt, auf dem man sich bewegt. Er ist vergleichbar mit der wechselseitigen Verbindung von Pflanzen mit ihren Wurzeln. Energie kann aus dem Boden aufwärts fließen und ein Gefühl der Festigkeit und des Verwurzelt-Seins vermitteln. Sie kann aber auch abwärts in die Erde fließen, so dass ein Gefühl dafür entsteht, mit der Wirklichkeit, dem Boden, in Kontakt zu sein.
Wachstum und Regeneration der Füße und des Körpers hängen auch von diesem energetischen Austausch ab. Die Art des Bodens, auf dem man steht und sich bewegt und der Umgang mit den Füßen sind von großer Bedeutung für die gesamte Ökonomie des Körpers und für den Fluss der Energie. Nicht nur die Mechanik des Standes hängt vom Fundament, den Füßen, ab. Nach den Vorstellungen der traditionellen chinesischen Medizin sind die Füße Anfangs- oder Endpunkte jeder der Energiebahnen, die durch den Körper ziehen.
Westliche Naturheilverfahren sehen im Fuß einen Spiegel des ganzen Menschen, auf dem er täglich steht, mehr oder weniger eingeengt, dem Boden näher oder ferner.

Fußtraining

Um die Füße als Fundament zu erleben, brauchen sie Anregung: Anregung der Durchblutung, der nervlichen Versorgung, der Reflexzonen und des Fußgewölbes durch Training.
Krallen und greifen Sie mit den Zehen. Manchmal geht das in den Schuhen, wenn Sie gerade mal wieder irgendwo stehen oder auch am Schreibtisch sitzen. Ohne Schuhe und Strümpfe können Sie tatsächlich Dinge mit den Zehen greifen und hochheben. Versuchen Sie es mit beiden Füßen und allen Zehen.

Ü Fußkontakte – Füße begreifen

› Mit Kontaktaufnahme können Sie sich verwöhnen. Indem Sie die Füße verwöhnen, tun Sie dem ganzen Körper etwas Gutes.
Die ganze Übung ist etwas für eine ruhige Stunde zu Hause, im Wald, am Strand,... Einzelne Übungsteile können auch in den Alltag einfließen: in der Pause kurz die Schuhe abstreifen und die Füße in die Hände nehmen, nach dem Abendbrot, beim Fernsehen, während Sie ein Buch lesen, sich mit einer vertrauten Person unterhalten, ... Suchen Sie Übungen heraus, die Sie intuitiv ansprechen, Sie neugierig machen oder mit denen Sie sich wohl fühlen, nachdem Sie sie ausprobiert haben.

Spüren Sie an einer Stelle Druck oder andere Befindlichkeiten? Gibt es Zonen, die Ihrer Wahrnehmung verschlossen bleiben? Gibt es Unterschiede im linken und rechten Fuß?
Suchen Sie sich jetzt einen gemütlichen und bequemen Platz auf dem Boden, auf dem Sofa oder einem Sessel. Nehmen Sie sitzend einen Fuß in die Hand. Welcher Fuß steht Ihnen näher, welchen haben Sie zuerst genommen? Schauen Sie sich den Fuß an. Wie ist seine Farbe? Seine Form? Ertasten und erstreicheln Sie sie. Gibt es Stellen, die sich weicher, härter anfühlen? Schauen Sie kritisch? Aller Wahrscheinlichkeit nach tragen die Füße Sie ein Leben lang. Ein Grund, wohlwollend zu blicken?

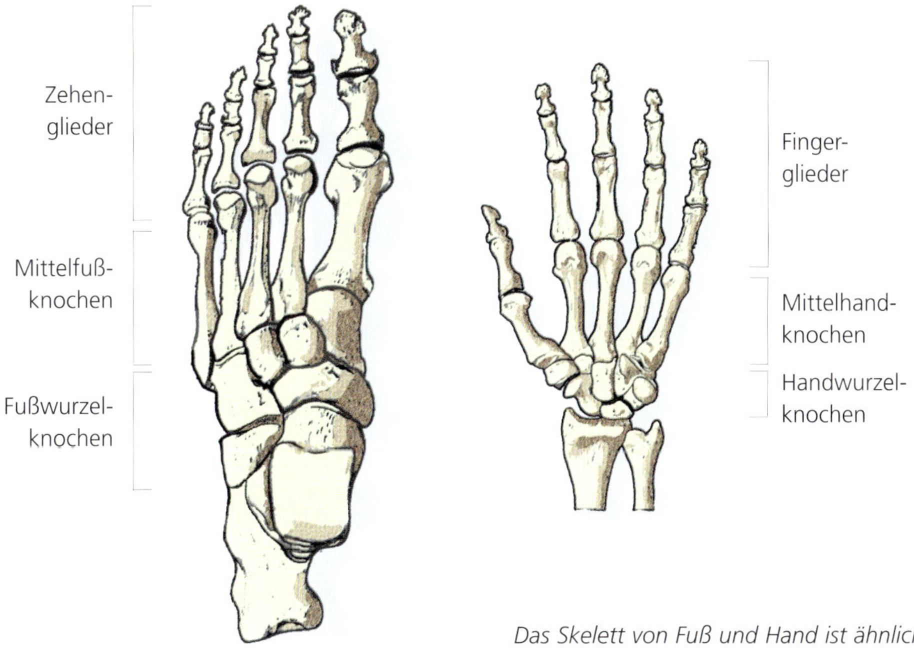

Das Skelett von Fuß und Hand ist ähnlich

1 Spüren

Ziehen Sie Schuhe und wenn möglich auch die Strümpfe aus. Direkter Hautkontakt erhöht die Qualität des Spürens. Bleiben Sie jedoch noch einen Moment stehen, bevor Sie sich in einer Position niederlassen, in der Sie einige Zeit verweilen und mit den Händen Kontakt zu den Füßen aufnehmen können.
Lenken Sie Ihre Aufmerksamkeit zu den Füßen und nehmen Sie deren Temperatur wahr.

2 Berühren

Streichen Sie die Füße von außen, den Zehen, nach innen, in Richtung zum Herzen. Kneten und massieren Sie sie mit leicht kreisenden Bewegungen in dieselbe Richtung. Überprüfen Sie noch einmal, ob die Intensität, mit der Sie begonnen haben, Ihrem momentanen Bedürfnis entspricht, oder ob es doch etwas sanfter oder kräftiger sein darf.

Sie können den Fuß wringen, so dass sich die Mittelfußknochen gegeneinander verdrehen. Sie lockern auf diese Weise die Gelenke im Mittelfuß. Nehmen Sie wieder bewusst die Intensität wahr, mit der Sie die Bewegung durchführen.
Den Fuß von außen nach innen, oben und unten abzuklatschen, aktiviert die Durchblutung und den Energiefluss. Seien Sie behutsam, wenn Sie die Oberseite des Fußes, den Spann, abklatschen. Sie ist genauso empfindsam wie der Handrücken.
Beziehen Sie auch die Zehen in die Behandlung mit ein. Beugen Sie die Zehen mit den Händen nach oben, so dass die Zehengrundgelenke in der Beugung gedehnt werden. Führen Sie die Bewegung auch in die andere Richtung aus, indem Sie die Grundgelenke passiv nach unten biegen und damit überstrecken.

Nehmen Sie die Zehen einzeln und kreisen Sie sie vorsichtig in den Grundgelenken. Wenn Sie die Räume zwischen den Zehen massieren, regen Sie das Lymphsystem an. Seien Sie auch bei dieser Arbeit behutsam. Achten Sie auf mögliche Schmerzpunkte und ignorieren Sie sie nicht. In den Zehen und bis zum Übergang zum Fußballen befinden sich die Reflexzonen für Kopf und Hals. Sie können wohlig angeregt, aber auch überreizt werden, wenn Sie wiederholt einen stechenden Schmerz mit der Massage hervorrufen.
Wie wäre es, einmal Fuß und Hand oder Fuß und Fuß zu falten, um die Zwischenräume zu dehnen?
Kreisen Sie den Fuß im Sprunggelenk. Fassen Sie ihn abschließend mit beiden Händen oberhalb des Sprunggelenkes und schütteln Sie ihn aus. Tun Sie dies mit der Vorstellung, alles Verspannt-Sein abzuschütteln. Bewusstes Ausatmen, vielleicht ein Seufzen oder Stöhnen, wirken entlastend.

3 Vergleichen

Bevor Sie den Fuß wechseln und dort dieselbe Behandlung durchführen, gönnen Sie sich noch ein bisschen Ruhe und spüren Sie in den Fuß. Vielleicht mögen Sie dabei liegen und die Füße aufstellen. Vergleichen Sie das Gefühl in dem bearbeiteten und dem anderen Fuß. Nehmen Sie Unterschiede wahr?
Machen Sie eine weitere Bestandsaufnahme nach der Aktivierung des zweiten Fußes. Was hat sich verändert?

Sie haben jetzt längere Zeit in einer gebeugten Haltung verbracht. Zum Ausgleich empfiehlt es sich, die Hände im Sitz nach hinten abzustützen, die Füße aufzustellen und das Becken nach oben zu drücken. Die Hüftgelenke erfahren Dehnung. Schütteln Sie auf dem Rücken liegend die Beine aus. Bewegen Sie die Gelenke in Füßen und Beinen. Wenn Sie den aufmerksamen Kontakt zu den Füßen noch etwas halten wollen, denken Sie in Ruhe an sie. Wenn möglich, binden Sie sie in liebevolle Gedanken ein; als Ihre Wurzeln, als Ihre Füße, wie sie Sie durchs Leben tragen ... Vielleicht entstehen Bilder, Geschichten und Gedanken.

Wenn Sie nach dieser Übung noch einmal aktiv sein wollen, holen Sie sich bewusst aus Ihren Gedanken zurück. Bewegen Sie die Gelenke, recken und strecken Sie sich ausgiebig. Zeit, einfach mal die Beine hoch zu legen? ❮

Ein jahrhundertealtes Problem

»Schon oft habe ich mich verwundert, wie vernünftige Menschen sich abarbeiten konnten, die Füße der Lasttiere bequem zu versorgen, indessen sie ihre eigenen vernachlässigen, und sich gänzlich der dummen Unerfahrenheit solcher Leute übergeben, die alle miteinander nicht mehr Kenntnisse besitzen, als nach itzigem Gebrauch und lächerlicher Mode einen Schuh machen, der meistens den Fuß drückt, die Zehen von Jugend auf verdirbt und durch die Leichdorne, diese unzertrennlichen Folgen der Unwissenheit dieser Handwerker, den Gang nicht allein beschwerlich, sondern öfters auch ganz unmöglich macht. Bei uns, wo die chinesischen Frauen beklagt werden, und die Mode, der sie folgen müssen, grausam genannt wird, tragen eine Reihe von Jahrhunderten her beide Geschlechter ein solches Joch!«
Unbekannter Autor, 1782

Gleich gewichten auf der Spur

Ganz in Balance?
Wussten Sie schon, dass man Gesundheit heute als ein Gleichgewicht versteht? Gemeint ist ein Gleichgewicht zwischen den Anforderungen, die an eine Person gestellt werden, und den Ressourcen, die diese zur Bewältigung zur Verfügung hat. Gesundheit ist so gesehen etwas recht Bewegliches und Lebendiges.

Ü Gleichgewicht und Standfestigkeit

› Kennen Sie das Gefühl »wackelig auf den Füßen zu sein?« oder »sich unausgeglichen zu fühlen«?
Während sich das Erste direkt auf das körperliche Erleben bezieht, beschreibt das Zweite eine seelische Befindlichkeit. Wie bei den wackeligen Füßen eine innere Befindlichkeit aufzuspüren ist, findet das unausgeglichene Gefühl seinen körperlichen Ausdruck. Vorausgesetzt, Sie sind neugierig darauf, haben oder nehmen sich Zeit und halten diese Zusammenhänge für bedeutsam. Selbst wenn Sie Interesse daran haben, diesen Zusammenhängen nachzuspüren, können Alltagsroutinen davon abhalten. So ist das eben.
Ein Spiel mit Gewichtsverlagerungen kann Ihnen körperbezogen Auskunft darüber geben, wie fest oder wackelig Sie sich zur Zeit im Gleichgewicht fühlen. Körperbezogen kann es ein neues Gespür für Gleichgewichte vermitteln und damit einen veränderten Ausgangspunkt für weiteres Handeln.

Die Grenzen kennen

1 Stand wahrnehmen

Richten Sie sich im körperökonomischen Stand ein *(Was damit gemeint ist, erklärt Seite 20)* und machen Sie zunächst eine Bestandsaufnahme Ihres momentanen Stehens. Wenn Sie auch nach der Übung Bestand aufnehmen, können Sie Veränderungen zum Vorher genauer wahrnehmen. Fragen lenken die Aufmerksamkeit und gelten als hilfreiche Begleitung bei Bestandsaufnahmen. Wenn Sie mögen, schließen Sie die Augen. Der Blick nach innen wird intensiver; wird nicht von außen abgelenkt: »Wie ist der Kontakt der Füße zum Boden? Der Zehen und Fußballen? Der Außen- und Innenkanten der Füße? Der Fersen? Wo spüren Sie Gewicht auf den Füßen? Trägt ein Fuß mehr Gewicht als der andere? Wie erleben Sie sich auf den Füßen aufgerichtet? Im Gleichgewicht?«

2 Gewicht verlagern

Verlagern Sie mit dem nächsten Einatmen Ihr Gewicht nach vorne. Atmen Sie dort angekommen aus.
Das nächste Einatmen bringt Sie zur Mitte zurück. Dort angekommen, ausatmen. Richten Sie sich in Ihrer Bewegung nach dem Atemrhythmus und atmen Sie nicht umgekehrt mit der Gewichtsverlagerung nach vorne ein. Wenn Sie Ruhe und Lust dazu haben, wiederholen Sie diese Bewegung drei- bis viermal.
Spielen Sie mit kleinen und größeren Gewichtsverlagerungen. Es geht in der Übung darum, mit möglichst geringem Aufwand ein Gespür für das eigene Gleichgewicht, die eigene Mitte zu finden. Aus diesem Grund sollen die Füße in der Bewegung mit der ganzen Sohle Kontakt zum Boden haben. Heben die Fersen ab, muss mit einem höheren Energieaufwand wieder neu Gleichgewicht hergestellt werden. Spielen Sie mit den Gewichtsverlagerungen und erleben Sie dabei die Grenzen Ihres Gleichgewichts. Nehmen Sie Ihre Grenzen wahr und achten Sie sie. Überschreiten Sie Ihre Grenzen, geht immer Standfestigkeit verloren. *Sie* entscheiden, ob Sie das wollen.

Über Grenzen gehen

Gehen Sie mit Ihrem neu gefundenen oder vielleicht mit Ihrem veränderten Gleichgewicht einige Schritte. Recken und strecken Sie sich ausgiebig.
Sie können die Übung intensiv durchführen und ihr zehn Minuten schenken. Sie können mit Ihrem Gewicht beim Zähneputzen oder Telefonieren spielen oder unauffällig während einer Unterhaltung. Es geht, wenn Sie an einer Kasse stehen, egal ob davor oder dahinter. Gewichtsverlagerungen sind zwischendurch möglich, wenn Sie als Verkäuferin Kunden betreuen, an der Rezeption arbeiten oder wenn Sie unterrichten.
Es geht immer leichter und erfordert immer weniger Aufmerksamkeit, je öfter Sie eine Bestandsaufnahme Ihres Gleichgewichts machen. ❮

Wie nach vorne, erfolgt die gleiche Gewichtsverlagerung nach hinten, auf die rechte Außen- und rechte Innenkante der Füße sowie auf die linke Außen- und linke Innenkante.
Verlagern Sie das Gewicht anschließend entsprechend den eigenen Impulsen. Wo zieht es Sie hin?

Manchmal kann es angenehm sein, das Bild eines Baumes zu gestalten: ein Baum, der von einer leichten Brise umweht wird und sich sanft hin und her bewegt. Wenn Ihnen diese Vorstellung gefällt, lassen Sie die Übung mit dem Abflauen des Windes ausklingen; Sie kommen zur Ruhe.

3 Bestandsaufnahme

Schließen Sie, wie Sie begonnen haben: mit einer Bestandsaufnahme. Wie erleben Sie jetzt Ihr Gleichgewicht? Wenn Sie Unterschiede wahrnehmen, benennen Sie sie.

Gleichgewicht der Wahrnehmung

Erleben und Benennen sprechen verschiedene Wahrnehmungsebenen an: Das Erleben spricht eine umfassende Ebene an, die die gefühlsmäßige einbezieht. Das Benennen von Unterschieden appelliert an den Verstand. Beide Ebenen können sich wechselseitig ergänzen, können im Gleichgewicht sein.

Stillstehen!?

Ruhiges oder starres Stehen, immer geht es darum, Spannung auszubalancieren. Vielfältige Impulse aus Skelett-, Muskel- und Nervensystem bewirken die Spannung im menschlichen Organismus. Über die aktivierenden und beruhigenden Anteile des vegetativen Nervensystems wird die Spannung der inneren Organe mit Atmung und Blutzirkulation bestimmt. Das Nervensystem, das die Bewegung koordiniert, ermöglicht bewusste, korrigierende und zielgerichtete Bewegungsänderungen.

Geschichten aus der Evolution

Gleichgewicht auf zwei Beinen zu finden ist anders als auf vier.
Die Auseinandersetzung mit Standpunkten und Standfestigkeit verändert sich ebenfalls. Anstelle des Greifens und Kletterns tritt im Laufe der Menschwerdung die Fähigkeit, einen erhöhten Körperschwerpunkt auszubalancieren. Die Füße stellen in Verbindung mit den Beinen die Basis des Ausbalancierens dar.
Dieser evolutionäre Prozess erfährt unterschiedliche Bewertungen. Aus einer Sicht des Mangels betrachtet ist das Urteil eindeutig: Fehlentwicklung! Schwere Körperteile wie Kopf, Schulter und Rumpf sind beim Menschen oben gelagert, während die Füße als Basis im Verhältnis zum gesamten Körper relativ klein sind. Diese Gewichtsverteilung erfordert eine Vielzahl von Korrekturbewegungen, um das aufrechte Gleichgewicht immer wieder neu herstellen zu können.

Der menschlichen Aufrichtung wird die Verantwortung für zahlreiche Rücken- und Kreuzbeschwerden sowie der »Ärger« mit den Bandscheiben und den damit verbundenen Nervenschmerzen zugeschoben. Immerhin sind drei Viertel der Bevölkerung mindestens einmal im Leben davon betroffen und 10% aller Arbeitsunfähigkeitsbescheinigungen sind auf Erkrankungen der Wirbelsäule zurückzuführen. Dennoch geben zwei Dinge zu denken: Viele Menschen, die an den Bandscheiben operiert werden, sind anschließend nicht schmerzfrei. In anderen Kulturen sind Bandscheibenvorfälle so gut wie unbekannt. Ist das »Kreuz mit dem Kreuz« also eine Besonderheit der industrialisierten Gesellschaften?

Gibt es auch Veränderungen, die als positiv bezeichnet werden können? *Einige sind auf Seite 21 benannt.* Mit der neuen Gewichtsverteilung werden große Bewegungsspielräume, z. B. in der Hüfte und in den Schultern, möglich. Das Freiwerden der Arme und Hände erlaubt sehr differenzierte Bewegungen.
Wo sollte der Kopf als Schaltzentrale und Überblicksorgan sonst sitzen als obenauf?

Letztlich ist das Klären von Schuldfragen unbefriedigend, um gute Antworten zu erhalten. Gute Erklärungen sind da meistens hilfreicher: Wie wäre es, sich psychosomatische Zusammenhänge anzuschauen, die Sozialisation von Frauen und Männern, die Art der Arbeitsorganisation und Arbeitsbedingungen sowie ökologische Faktoren? Auch so scheinbar kleine Dinge wie die Schuhmode, der sich Frauen häufig unterwerfen und die sie nicht nur genießen, erschweren einen ökonomischen und wertschätzenden Umgang mit dem Körper, mit dem Ich.

Hilflose Puppen

Stellen Sie sich einen Moment als Schaufensterpuppe vor. Sie sind dem menschlichen Körper in allen Details nachgebildet. Ihre Füße könnten Sie jedoch nur in einer, aber ideal ausbalancierten Position stellen: Mit jedem Stoß würden Sie hilflos nach vorne, nach hinten oder zur Seite fallen. An einer Schräge würde aufrechtes Halten unmöglich sein.
Tauchen Sie wieder in Ihre Menschengestalt ein: Selbst in extremen Positionen können Tausende kleiner Muskeleinstellungen in den Füßen einen sicheren Stand gewährleisten.
Es gibt die Meinung, dass Parallelen zwischen der vorgestellten Puppe und der steifen Körperhaltung eines Menschen zu erkennen sind. Manchmal wird davon gesprochen, dass jemand »leicht umkippt«, »unausgewogen« oder »entwurzelt« ist.

Gleichgewichtende Füße

Ein »Kunstwerk« und ein »Meisterwerk der Technik«. Die Rede ist von den Füßen. Leonardo da Vinci hat sie bewundernd auf diese Weise beschrieben.
Jeder Fuß hat 28 Knochen, 114 Bänder und 20 Muskeln! Insbesondere die Fußsohle ist mit Tausenden von Nerven ausgestattet. Deren Enden, die sogenannten Rezeptoren, arbeiten mit Knochen, Bändern und Muskeln fein und schnell zusammen. Ob der Untergrund rutschig oder stumpf, heiß oder kalt, eben oder uneben ist, ob es bergauf oder bergab geht, das Gras nass oder trocken ist … stellt erst einmal sinnliche Informationen dar, die über die Füße vermittelt werden. Füße sind jedoch nicht nur Sinnes-, sondern auch Gleichgewichtsorgane. Sie können aufgrund ihres Aufbaus blitzschnell auf die verschiedene Beschaffenheit von Böden reagieren und ausgleichend wirken.
Die Skelettkonstruktion der Füße wird den hohen statischen Anforderungen beim Stehen, Gehen, Springen und Laufen gerecht. Sie bietet die Möglichkeit eines ständigen Ausbalancierens in der Aufrichtung und in der Bewegung. Zehen-, Mittelfuß- und Sprunggelenke *(siehe auch Seite 31)* meistern kraftvolle Bewegung in Verbindung mit feiner Motorik. Federnde Quer- und Längsgewölbe, bestehend aus den Fußwurzel- und Mittelfußknochen, tragen das Gewicht des Menschen.
Optimal ausgependelt, wird das Körpergewicht über dem Dreieck Ferse und Köpfchen des ersten und fünften Mittelfußknochens. Das mittlere Keilbein stellt den Scheitelpunkt dieses Dreiecks dar. Über diesen kleinen Punkt wird das ganze Gewicht an den Boden abgegeben.

Ein winziger Punkt soll in der Lage sein, das ganze Gewicht aufzunehmen und an den Boden abzugeben? So erstaunlich es sich anhört, so genial und einfach ist die Erklärung: Stellen Sie sich z. B. ein Spitzdach vor, auf das es regnet. Das Wasser kann zu allen Seiten abfließen und lastet nicht auf dem Dach. Der Scheitelpunkt des Fußes stellt die körperliche Voraussetzung dar, damit das Gewicht abfließen kann und nicht in Form von Spannung gehalten werden muss.

Brückenkonstruktionen folgen demselben Prinzip. Auch wenn in den meisten Fällen die Brückenstraße flach verläuft, stützen Gewölbe die Überwegung ab. Das Laufen auf Brettern, die über einen Graben gelegt sind, ist oft von dem Kitzel begleitet, ob sie halten oder in der Mitte brechen. Manchmal sind es schlicht zu dünne Bretter, meistens fehlt das Gewölbe.
Die Zehen sind nicht in die tragenden Funktionen mit einbezogen. Sie übernehmen drei andere Aufgaben. Zum einen wirken sie als Hebel, wenn sich der Fuß im Gehen vom Boden abstößt. Des weiteren prüfen sie als eine Art Tastorgan im Stehen den Untergrund und schließlich balancieren sie das Gewicht des Körpers im Stehen und in Bewegung aus.
Sorgen die Scharniergelenke der Zehen für Stabilität, ermöglicht das Kugelgelenk im Zehengrundgelenk vielfältige Bewegungsrichtungen. Gemeinsam bewerkstelligen sie große Beweglichkeit bei gleichzeitiger Festigkeit. Und dann wirkt noch die Belastbarkeit durch die Gewölbe … Genügend Gründe für einen wohlwollenden Umgang mit den Füßen, anstatt sie bei Schmerzen nur ärgerlich wahrzunehmen.

Fordern Sie Ihr Gleichgewicht heraus!
Es ist eine weitverbreitete Annahme, dass das Gefühl für Gleichgewicht angeboren und damit etwas Selbstverständliches sei und nicht geschult zu werden braucht. Das ist ein Irrtum!

- Wie wäre es, sich mal wieder auf ein Bein zu stellen, zu hüpfen? Mit welchem Bein hüpfen Sie zuerst?
- Hätten Sie Lust auf einer Bordsteinkante oder einer vorgestellten Linie zu balancieren? Wie fänden Sie es, auf Zehenspitzen zu gehen?

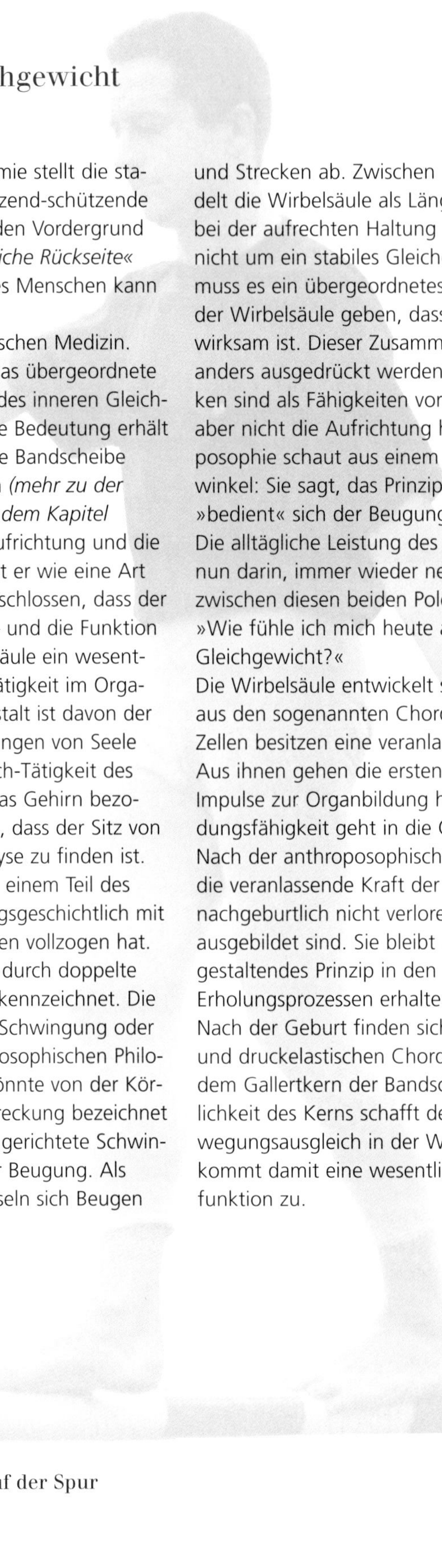

Die Wirbelsäule – ein Organ für Gleichgewicht und Aufrichtung?

Die schulmedizinische Anatomie stellt die statisch-tragende sowie die stützend-schützende Funktion der Wirbelsäule in den Vordergrund *(mehr dazu im Kapitel »Sinnliche Rückseite« Seite 76)*. Die Aufrichtung des Menschen kann sie damit nicht erklären.

Anders in der anthroposophischen Medizin. Sie sieht in der Wirbelsäule das übergeordnete Prinzip der Aufrichtung und des inneren Gleichgewichts. Eine herausragende Bedeutung erhält in diesem Zusammenhang die Bandscheibe oder genauer der Gallertkern *(mehr zu der Funktion der Bandscheibe in dem Kapitel »Sitzen« Seite 71)*. Für die Aufrichtung und die Balance der Wirbelsäule wirkt er wie eine Art Sinnesorgan. Daraus wird geschlossen, dass der Aufbau – die Architektonik – und die Funktion – die Aufrichte – der Wirbelsäule ein wesentlicher Ausdruck für die Ich-Tätigkeit im Organismus ist. Die aufrechte Gestalt ist davon der sichtbare Ausdruck. Vorstellungen von Seele und Geist sind eng mit der Ich-Tätigkeit des Menschen verbunden. Auf das Gehirn bezogen: Descartes spricht davon, dass der Sitz von Seele und Geist in der Epiphyse zu finden ist. Die Epiphyse befindet sich in einem Teil des Gehirns, der sich entwicklungsgeschichtlich mit der Aufrichtung des Menschen vollzogen hat.

Die Form der Wirbelsäule ist durch doppelte S-förmige Schwingungen gekennzeichnet. Die nach bauchwärts gerichtete Schwingung oder Lordose steht in der anthroposophischen Philosophie für Streckung oder könnte von der Körperform her auch als Überstreckung bezeichnet werden. Die nach rückwärts gerichtete Schwingung oder Kyphose steht für Beugung. Als Bewegungstendenzen wechseln sich Beugen und Strecken ab. Zwischen diesen Polen pendelt die Wirbelsäule als Längsachse. Da es sich bei der aufrechten Haltung um ein labiles und nicht um ein stabiles Gleichgewicht handelt, muss es ein übergeordnetes Prinzip innerhalb der Wirbelsäule geben, dass als »Aufrichte« wirksam ist. Dieser Zusammenhang kann auch anders ausgedrückt werden: Beugen und Strekken sind als Fähigkeiten vorhanden, bringen aber nicht die Aufrichtung hervor. Die Anthroposophie schaut aus einem anderen Blickwinkel: Sie sagt, das Prinzip der Aufrichte »bedient« sich der Beugung und Streckung. Die alltägliche Leistung des Menschen besteht nun darin, immer wieder neu ein Gleichgewicht zwischen diesen beiden Polen herzustellen. »Wie fühle ich mich heute aufgerichtet und im Gleichgewicht?«

Die Wirbelsäule entwickelt sich vorgeburtlich aus den sogenannten Chordazellen. Diese Zellen besitzen eine veranlassende Kraft.

Aus ihnen gehen die ersten nachvollziehbaren Impulse zur Organbildung hervor. Diese Bildungsfähigkeit geht in die Organtätigkeit über. Nach der anthroposophischen Sichtweise geht die veranlassende Kraft der Chordazellen auch nachgeburtlich nicht verloren, wenn die Organe ausgebildet sind. Sie bleibt als dynamisch gestaltendes Prinzip in den Wachstums- und Erholungsprozessen erhalten.

Nach der Geburt finden sich die prallrunden und druckelastischen Chordazellen nur noch in dem Gallertkern der Bandscheiben. Die Beweglichkeit des Kerns schafft den Druck- und Bewegungsausgleich in der Wirbelsäule. Ihm kommt damit eine wesentliche Gleichgewichtsfunktion zu.

Bewegte Gleichgewichte

Gleichgewicht, gleich gewichtet, zwei Dinge haben die gleiche Wichtigkeit und Gültigkeit, ohne dass es gleichgültig ist, wofür man sich entscheidet.
Eine Person kann ausgleichend zwischen zwei sich streitenden Parteien wirken. Im optimalen Fall finden zwei entgegengesetzte Meinungen zu einem Kompromiss: Die Aufspaltung in Gewinner und Verlierer entfällt. Auch das Vorhandensein von Gewinner und Verlierer könnte theoretisch als Gleichgewicht dargestellt werden; es ist aber keines, das letztendlich Zufriedenheit schafft. Könnte es womöglich als unausgeglichenes Gleichgewicht bezeichnet werden?

»Sich ausgeglichen fühlen« beschreibt vielleicht am umfassendsten den Zustand von Gleichgewicht. Treffender ist es sicherlich, von im Prozess befindlichen Gleichgewichten zu sprechen. Lebendiges Geschehen vollzieht sich nie in stabilen, sondern immer in labilen Gleichgewichten; und man weiß, dass unzählige Faktoren dazu beitragen, sich ausgeglichen zu fühlen und dass ganz unterschiedliche Aspekte mal ganz schnell, mal langsamer dazu beitragen, Unausgeglichenheit zu schaffen. Diese Faktoren sind von Person zu Person verschieden, sie hängen von der augenblicklichen Lebensphase, in der sich ein Mensch befindet, und seinen Lebensbedingungen ab.

Gleichgewicht fordert den Umgang mit Gegensätzen und deren Integration, wobei Integration soviel meint wie die Wiederherstellung eines Ganzen: körperlich und geistig, das Ich und die soziale und ökologische Umwelt.

Auf der muskulären Ebene geht es darum, einen Ausgleich zwischen angespannter und entspannter Muskulatur zu schaffen. Körperökonomie bedeutet, dieses Gleichgewicht mit einem möglichst geringen Energieaufwand herzustellen.

Ein Kind, das nach vielen Erprobungen aufgerichtet gehen kann, hat ein völlig neues, muskuläres Gleichgewicht für sich entwickelt. Es fällt nicht mehr seitlich nach links oder rechts, immer seltener nach vorne auf die Knie oder nach hinten auf den Po. Fällt es doch einmal und tut sich weh, wird der innen gefühlte Schmerz oder Ärger augenblicklich seinen Ausdruck nach außen finden. Es hat im Experimentieren gelernt, dass es zusätzlich zum Liegen eine Oben-unten-Orientierung gibt.
Erfahrungen mit Polaritäten sollen nicht in ein Entweder-oder münden, sondern die Chance für ein Sowohl-als-auch eröffnen.

Seiltänzer haben die Fähigkeit, sich in ausgeglichener Körperspannung zu bewegen, zu ihrem Beruf gemacht

Lebenslanges Training

Auch wenn Stehen und Gehen als genetisches Potential vorhanden ist, muss das dazu benötigte Gleichgewicht beständig trainiert werden: Andernfalls verkümmert es. Dieses Prinzip gilt bis ins hohe Alter.

Links und rechts

»Das mach ich doch mit links!« gibt zu verstehen, dass einer Person etwas leicht fällt. Wieso eigentlich, wenn »links« in einer frühen Form »ungeschickt« bedeutet und »linkisch« dem gleichen Deutungsbereich zuzuordnen ist? Oder ist etwas so leicht und banal, dass es sogar »mit links« getan werden kann? Tatsächlich etwas mit der linken Hand, der linken Körperseite auszuführen, fällt den meisten schwer. »Recht haben« ist dagegen gleichbedeutend mit »das Richtige sagen«. Die »richtige Hand« meint die rechte Hand und dennoch ist »rechts« ist als Gegensatz zu »links« entstanden.

Wie erleben Sie sich in der linken Körperseite? Wie in der rechten Körperseite?
Die Fragen nach der linken und rechten Körperseite finden ihre Entsprechung in dem

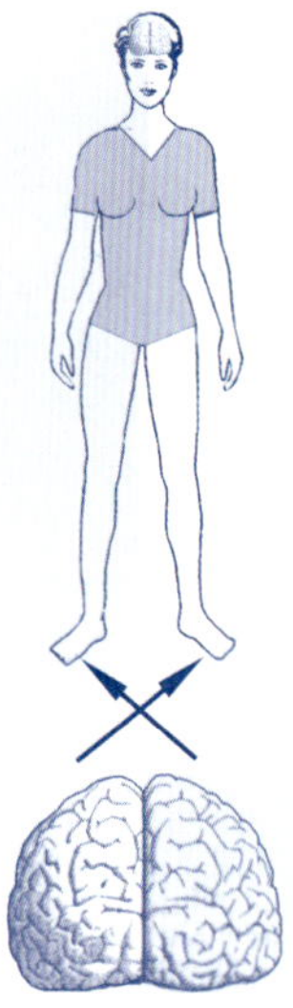

Rechts und links als wertvolle Gegensätze

Aufbau des Großhirns, dem entwicklungsgeschichtlich jüngsten Teil des Gehirns. Seine beiden spiegelgleichen Lappen oder Hemisphären sind für gegensätzliche Zuständigkeiten verantwortlich.
Die Nervenbahnen sind so angeordnet, dass die linke Körperhälfte von der rechten Hemisphäre und die rechte Körperhälfte von der linken Hemisphäre versorgt werden.

Der linke Gehirnlappen, also bezogen auf die rechte Körperhälfte, ist überwiegend zuständig für das Rationale, für die Logik und Analyse, für das Vernünftige und Bewusste, für eindeutige Ursache-Wirkung-Beziehungen und Aktivität. Er versinnbildlicht das, was als »männliches« Prinzip gilt, aber genauso bei Frauen anzutreffen ist. Der rechte Gehirnlappen, also bezogen auf die linke Körperhälfte, steht für das Irrationale, das Unbewusste, für die Intuition und Kreativität sowie Passivität. Ganzheitliche Erfahrungen und Inspiration werden hier erfasst. Er versinnbildlicht das sogenannte »weibliche« Prinzip, das genauso bei Männern zu finden ist. Erklären diese Zuschreibungen vielleicht, warum das Linke mit dem Bösen, dem Unheilvollen und dem nicht Durchschaubaren verbunden wurde? Erklären sie, warum der Tag gelaufen ist, wenn man mit dem linken Fuß aufsteht?

Diese Polarität kann auch als die linke und rechte Seite des Lebens bezeichnet werden. Der sogenannte Balken, der die beiden Hemisphären miteinander verbindet, ermöglicht einen regen Informationsaustausch und grundsätzlich gegenseitige Ergänzung. Zwei gesellschaftlich bedingte Faktoren schränken diese Fähigkeit erheblich ein. Zum einen dominiert das männliche Prinzip, also Zuordnungen, die die rechte Körperseite betreffen. Es erhält wesentlich mehr Wertschätzung und ist gekoppelt an gesellschaftliche Macht. Zum anderen werden das weibliche und das männliche Prinzip immer noch stark polar auf die Geschlechter übertragen: das weibliche Prinzip auf die Frau, das männliche auf den Mann.

»Mit links«

- Machen Sie es doch mal wieder mit links! Zähne putzen, Haare kämmen, etwas schneiden. Schrauben anziehen, Essen umrühren, Post öffnen. Geld aus dem Portemonnaie nehmen …
Sie regen die andere Gehirnhälfte an. Sie fördern die Beweglichkeit der Gelenke und die Ausbildung der weniger benutzten Muskulatur. Sie können erfahren, dass sich das scheinbar Gleiche ganz verschieden anfühlen kann.

Yin – Yang

Yin – Yang, statt Yin und Yang. Schon die Schreibweise macht die Zusammengehörigkeit deutlich. Yin – Yang werden als Grundprinzipien des Universums behandelt. Sie sind Grundlage der chinesischen Medizin.
Das Symbol verkörpert die Gegensätze von Nacht und Tag. Die Nacht wäre nicht als Nacht erfahrbar, gäbe es den Tag nicht. Die Qualitäten der Helligkeit des Tages können erst durch das Dunkel der Nacht beschrieben werden. Es gibt ein weiteres Merkmal, das dem Denken der westlichen Kultur fremd ist: Nacht und Tag stehen sich nicht als Gegensätze gegenüber. Am tiefsten Punkt der Nacht kündigt sich bereits der Tag an und löst die Nacht ab.

Yin verkörpert das weibliche, Yang das männliche Prinzip. Yin steht auch für Entspannung, Yang für Spannung.

Was wäre es schön und schöpferisch, wenn nicht mehr in die richtige und falsche Bewegung, in richtiges und falsches Stehen, Gehen, Sitzen und Liegen eingeteilt würde. Wie wäre es mit einer Bewegung und einem Verhalten, das einer Situation und einer Stimmung angepasst ist, das selbstbestimmt und körpergerecht ist? Wie wäre es, wenn sich Entspannung aus der Spannung heraus bereits entwickeln könnte und umgekehrt?

YIN		**Grundprinzipien des Universums**		**YANG**
Yin bringt Yang hervor	*Yang setzt Yin in Bewegung*		Yin – stille, nachdenkliche Ruhe der Weisen	*Yang – starke schöpferische Kraft des Königs*
Erde Wasser Dunkel Mond	*Himmel Feuer Licht Sonne*		Yin ist Herbst und Winter	*Yang ist Frühling und Sommer*
Yin – Nacht, die den Tag beendet	*Yang – Tag, der die Nacht ablöst*	**Energieformen**	Yin – Gedanken: Intuitiv komplex naturverbunden	*Yang – Denken: Rational ableitend detailliert*
Yin überwiegt nie absolut	*Yang überwiegt nie absolut*	**Lebensformen**	Linke Körperseite	*Rechte Körperseite*
Frau	*Mann*		rechte Hirnhälfte linke Hand	*linke Hirnhälfte rechte Hand*
Yin ist materiell	*Yang ist energetisch*		Yin sind die Füße	*Yang der Kopf*
Yin ist okkult Nacht versponnen Traum	*Yang ist konkret Analytisch Tag – klar*			

Bestandsaufnahme Ihrer Ausgeglichenheit

Sich im Alltag ausgeglichen fühlen … eine Illusion oder nicht immer möglich? Überforderungen wie auch Unterforderungen stellen immer neue Anforderungen. Eine Theorie besagt, dass das Vorhandensein eines überdauernden Gefühls, das Leben bewältigen zu können, wesentlich dazu beiträgt, trotz belastender Lebensumstände gesund zu bleiben. Bewältigung scheint leichter möglich, wenn die Welt als erklärbar erlebt wird, Möglichkeiten zur Bewältigung zur Verfügung stehen und ein Lebensziel, ein Sinn im Leben gefunden wird. Das sagt sich ganz einfach … Wie wäre es mit einer Bestandsaufnahme:
Was wäre ein Ziel in Ihrem Leben, das Sie auch erreichen können? Was würde Ihnen helfen, sich die Welt zu erklären? Was oder wer unterstützt Sie darin, Anforderungen auch bewältigen zu können?

Ü Die untere Körperhälfte

› Gönnen Sie Ihrer Bein- und Hüftmuskulatur so viel Bewegung, Dehnung und Entspannung wie möglich.
Langes Sitzen und Stehen verkürzt die Muskeln der Beinrückseite und schwächt die Muskeln der Vorderseite des Beines. Die Durchblutung wird durch mangelnde und einseitige Bewegung eingeschränkt.

1 Beine hoch

Wenn Sie einen Beruf ausüben, in dem Sie viel stehen müssen, vielleicht ein schwaches Bindegewebe und die Neigung zu Krampfadern haben, sollten Sie die Beine bei jeder sich bietenden Möglichkeit hoch legen. Im Zug und im Pausenraum mit einer Zeitung unter den Füßen, nach dem Abendbrot fünf Minuten auf den Tisch oder die Bank gelegt. Achten Sie darauf, dass die Knie nicht durchgedrückt in der Luft hängen; gebeugte Knie sind weniger belastend für die Gelenke. Sie können Ihr Vorgehen immer mit gesundheitlichen Erwägungen begründen. Bequemlichkeit ist ein weiterer, vielleicht heimlicher Antrieb.

2 Beine rollen

Suchen Sie sich Gelegenheiten, kurz aus den Schuhen zu schlüpfen. Stellen Sie im Sitzen oder Stehen – im Stehen ist das Standbein leicht gebeugt – einen Ballen auf und rollen so weit zu den Zehen hoch wie es Ihnen angenehm ist. Ein leichter Dehnschmerz ist erlaubt. So die Zehen gebeugt, verlagern Sie das Gewicht schwerpunktmäßig auf den kleinen Zeh und rollen allmählich über Ringzeh, Mittelzeh, Zeigezeh zum großen Zeh. Rollen Sie einige

Beine hoch legen schafft wohltuende Entspannung und verstößt nicht gegen die guten Sitten

Male über die Zehen. Nehmen Sie wahr, wo die Zehengelenke Dehnung erfahren. Atmen Sie bewusst in die Dehnung hinein und halten Sie nicht die Luft an. Ausatmen unterstützt das Lösen der Verspannungen. Beleben Sie den anderen Fuß auf die gleiche Weise.

3 Füße spüren

Wenn Sie neugierig darauf sind, der Wirkung dieser Dehnung genauer nachzuspüren, machen Sie vor und nach der Übung eine kurze Bestandsaufnahme. Stellen Sie beide Füße auf den Boden. Nehmen Sie Berührungs- und Druckpunkte von Sohlen und Zehen wahr, die Temperatur und weitere Befindlichkeiten. Vergleichen Sie Ihre Fußempfindung vor und nach der Dehnung, links und rechts.

4 Zehen strecken

Sie können die Zehen auch in die andere Richtung dehnen, indem Sie sie stark strecken. Die Bewegung ist ungewohnter, weil sie so im Alltag nicht vorkommt. Sie dehnt die Muskeln und Sehnen des Fußrückens. Schmerzpunkte können deutlicher zu spüren sein, da auf den Zehen meist nicht so viel Fettgewebe sitzt, das Nerven und Reflexzonen abpolstert. Seien Sie achtsam, gönnen Sie sich ebenso ein kleines »Autsch«. Falls Sie es nicht sowieso schon bemerkt haben: Ein »Autsch« vollzieht sich im Ausatmen.
Nach Bedarf schütteln Sie die Füße anschließend aus.

5 Wade dehnen

Im Stehen setzen Sie einen Fuß parallel nach vorne. Dieses Bein ist Ihr Spielbein. Achten Sie darauf, dass die Zehen tatsächlich nach vorne ausgerichtet sind, andernfalls kann die Belastung für die Kniegelenke erheblich sein. Das Standbein ist leicht gebeugt. Zu einem besseren Gleichgewicht verhelfen Ihnen die Hände, die Sie hüftnah auf dem Standbein abstützen. Ziehen Sie die Zehen des Spielbeinfußes zu sich, mal mehr die kleineren Zehen, mal mehr die größeren. Sie dehnen so die verschiedenen Anteile der Wadenmuskulatur.
Sie verstärken die Dehnung zusätzlich, wenn Sie das Gesäß nach hinten strecken, als ob Sie sich setzen wollten. Denken Sie an »Autsch« und Ausatmen.
Diese wirksame Dehnung ist auch im Sitzen möglich. Halten Sie die Dehnung sechs bis acht Atemzüge, spüren Sie nach, wie die Dehnung nachwirkt und schütteln Sie die Beine nach Bedarf aus.
Bekommt Ihr »Lieblingsbein« mehr Zuwendung?

6 Oberschenkel dehnen

Ebenso wirksam und leicht zu handhaben ist die Dehnung der vorderen Oberschenkelmuskulatur. Bei der vorgestellten Übung dehnen sie gleichzeitig die Hüftbeugemuskulatur, die in Zusammenarbeit mit der Gesäßmuskulatur das Becken aufrichtet und damit maßgeblich an der Aufrichtung der Wirbelsäule beteiligt ist.

Wieder im Stehen ist das von Ihnen gewählte Standbein leicht gebeugt. Fassen Sie den Fuß des Spielbeins von hinten und ziehen Sie den Fuß in Richtung Gesäß. Achten Sie darauf, dass Sie sich auf diese Weise nicht ins Hohlkreuz ziehen; Gesäß anspannen oder das Becken nach vorne schieben: So beugen Sie der Hohlkreuzbildung vor.
Statt freihändig zu stehen, ist es leichter, sich Halt an einem Türrahmen oder einem Schrank zu suchen. Leichter ist es auch, wenn Sie den Fußrücken des zu dehnenden Beines mit gebeugtem Knie auf eine Tischkante oder die Sitzfläche eines Stuhls legen und mit der Dehnung im Oberschenkel spielen. Verändern Sie die Beckenhaltung oder verstärken Sie die Beugung im Kniegelenk des Standbeins. ❮

Gefühlvolles »Vorne«

Mit der Vorderseite des Körpers nehmen Menschen Kontakt zu ihrer Umwelt auf, passen sich ihr an und gestalten sie. Vorderseiten sind weich, entsprechend sensibel wie auch verletzbar. Redensarten wie »Mir dreht sich der Bauch um« oder »Schmetterlinge im Bauch haben« stehen für den Bauch als Zentrum der Gefühle. Legt eine Person ihre Hand auf den Brustkorb, so unterstützt diese Geste ihre persönliche Betroffenheit oder eine Aussage, die sie selbst, ihr Ich, betrifft. Die menschlichen Augen sind nach vorne ausgerichtet.

»Wie stehe ich in der Welt?«

Diese Frage stellt die Verbindung zum Bewegungszentrum des Menschen dar. Es reicht von den Füßen bis zum Becken. Die Füße und Beine geben nach außen gerichtete Bewegung und Richtung an. Sie stehen am stärksten mit Stabilisieren, mit »in der Welt sein« und mit »ins Gleichgewicht bringen« in Verbindung. Das Becken wird im Zusammenhang mit der inneren Richtung gesehen, da es tiefe Gefühle repräsentiert. Das hauptsächliche Energiezentrum ist im Becken angesiedelt. Hierin sind sich mit kleinen Abweichungen alle religiösen und philosophischen Traditionen einig.

Ihr Rücken als »Müllhalde«

Muskulär wirkt die Körperrückseite stabilisierend, um flexibles Handeln nach vorne zu gewährleisten und Kontakt aufnehmen zu können. Wenn eine Person eine schwere Last zu tragen hat, wird diese stabilisierende Fähigkeit manchmal sehr strapaziert. Emotional scheint der Rücken nicht selten als Müllhalde für aufgestaute und nicht gelebte Gefühle herzuhalten. Alte Konflikte können hier in muskulären Verspannungen gelagert oder auch zwischengelagert werden, weil sie nicht oder im Moment nicht angeschaut werden.

Gut gedehnte Oberschenkel

Ü Obere Körperhälfte

› Wie die Zehen- und Fußgelenke schätzen auch die Finger- und Handgelenke Dehnung sehr. Wenn Schreibarbeit zu Ihren wichtigen Tätigkeiten gehört, Sie Busfahrerin sind oder Montagearbeit verrichten, wissen Sie um die Anstrengung in Finger-, Hand- und Armgelenken.

1 Kneten und Greifen

Stellen Sie sich einen Hefeteig vor, den Sie kneten und greifen, auf den Tisch schlagen und wieder aufnehmen. Spielen Sie einfühlsam auf einer Harfe, umspielen Sie sanft deren Saiten. Spüren Sie, wie die Finger über die Saiten gleiten, die Töne nachklingen.
Schenken Sie den Bewegungen Ihrer Daumengelenke dabei etwas mehr Aufmerksamkeit. Der Daumen ist der einzige Finger, der den anderen Fingern gegenübergestellt werden kann. Er ermöglicht damit die Funktion des Greifens und ist entsprechend gefordert.

Gut gedehnte Schultern

Machen Sie zwischendurch eine schöpferische Minipause und streichen Sie die Hand- und Fingergelenke nach oben und nach unten dehnend kräftig und weniger kräftig aus. Erinnern Sie sich auch bei dieser Übung daran, weiterzuatmen und in der Aufmerksamkeit für die Finger nicht die Luft anzuhalten.
Nehmen Sie die Veränderungen in den Fingern bewusst wahr: Temperatur, Farbe, Beweglichkeit, Gefühl für Schwere und Leichtigkeit...

2 Gegengleiches Kreisen

Sie können eine Geschicklichkeitsübung mit Ihren Kolleginnen, im Freundeskreis oder mit der Familie daraus machen.

Legen Sie die Finger der linken Hand auf die linke Schulter und machen Sie es rechts ebenso. In der Ausgangsposition zeigen die Ellenbogen nach vorne; es wird Ihnen den Einstieg erleichtern. Starten Sie nun gegengleiche Armkreise und vergessen Sie nicht zu atmen. Ein Arm beginnt die Kreisbewegung nach oben, einer nach unten.
Sind Sie noch in der gegengleichen Bewegung oder laufen die Arme in die gleiche Richtung?

Wenn Sie den Dreh einmal raus haben und die Bewegung mit Schwung und Schnelligkeit ausführen, werden Sie merken, wie die Muskulatur arbeitet und Kräftigung erfährt. Sie können mehr mit Ihrem Schwung spielen, wenn Sie gegengleiche Kreise im Stehen mit gestrekkten Armen ausführen. Nehmen Sie zu Beginn beide Arme nach oben. Mit dem Fallen der Arme nach vorne und hinten beugen Sie die Knie und strecken Sie sie wieder etwas, wenn die Arme nach oben kreisen. Vertrauen Sie Ihrem Rhythmusgefühl. Vielleicht schließen Sie zunächst die Augen, um die Bewegung innerlich nachzuvollziehen. Manche Personen denken die Bewegung zum Lernen mit, andere machen einfach. Wie ist Ihre Art des Lernens?

»Wie bin ich in der Welt?«

Die Frage zieht die Verbindung zur oberen Körperhälfte. Dieses Sein in der Welt drückt sich auch in der Körperhaltung des Menschen aus: »Wie halte ich mich?« und »Wie verhalte ich mich?«
Schultern, Arme und Hände repräsentieren den Willen, sich auszudrücken. Die Schultern zeigen eher die Qualität des inneren Willens, der sich nach auflen Ausdruck verschafft. Die Arme bringen diese Handlungsenergie bis zu den Händen immer mehr nach außen. Hände können berühren, fassen, wegstoßen, ... Wenn sich eine Person zu weit nach außen oder nach vorne wagt, kann sie sich schon mal »die Finger verbrennen«.

3 Brustmuskulatur dehnen

Gönnen Sie auch Ihrer Brustmuskulatur ab und zu eine kleine Dehnung. Wohlwollend durchgeführt, spüren Sie die wohltuende Streckung der Muskeln. Begleiten Sie das Dehnen mit einem Seufzen, Stöhnen, einem ausatmenden »ach ja«.
Fassen Sie im Stehen oder auf einem Hocker sitzend die Hände hinter dem Rücken. Die Handflächen zeigen nach oben. Zeigen Sie nach unten, werden intensiv die oberen Teile des sogenannten Kapuzenmuskels gedehnt. Auch wunderbar, aber eine andere Übung.

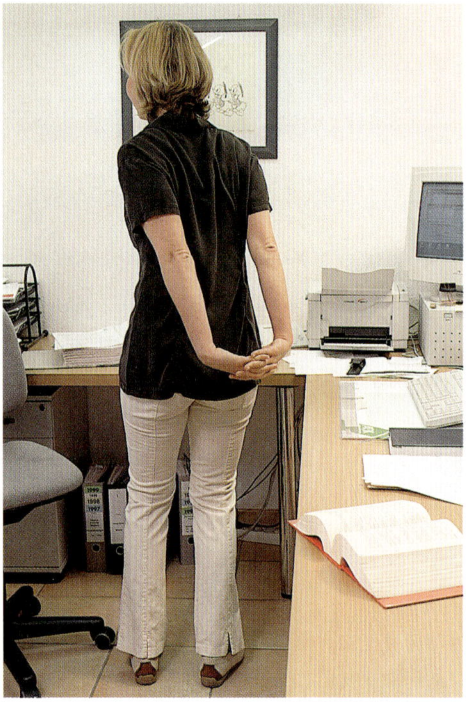

Mit einer kleinen Räkelbewegung noch wohltuender? Achten Sie dennoch auf einen geraden Rücken, sonst hat die Muskulatur der Brust nichts von der Dehnung.

Ziehen Sie die Schultern nach oben? Wenn ja, versuchen Sie, sie loszulassen. Führen Sie die Arme so weit nach oben, wie es Ihnen angenehm ist.

Und Ihr Rücken? Stehen Sie jetzt im Hohlkreuz? Das kann passieren, weil die Übung, so einfach wie sie klingt, manchmal gar nicht so leicht auszuführen ist. Sie vermeiden ein Hohlkreuz, indem Sie das Gesäß anspannen oder bewusst das Steißbein in Richtung Boden sinken lassen, beziehungsweise das Becken nach hinten kippen.

Ein letzter Hinweis: Machen Sie die Bewegung kleiner und dehnen Sie nur die Muskulatur, die Sie dehnen möchten, anstatt viel zu machen. Viel bewegt sich, aber nicht an den von Ihnen gewünschten Stellen.

4 Klopfen und Streicheln

Wenn Sie sich selber umarmen, tun Sie nicht nur Ihren Schultergelenken und der rückwärtigen Muskulatur etwas Gutes, indem Sie sie dehnen, sondern spüren sich nah bei sich, geben sich Wärme, Schutz und Zuwendung. Oder klopfen Sie sich doch öfters einmal selbst auf die Schulter: Weil Sie einfach gut sind und weil klopfen, tröpfeln, streicheln … eine Wohltat für angespannte Muskulatur ist. Noch schöner ist es, wenn es jemand anderer macht und am besten ohne Aufforderung. Da das im Alltag meistens viel zu selten passiert, sollten Sie nicht vergessen, gut für sich zu sorgen, sich zu loben und zu verwöhnen. ❮

»Haupt-Sache«
Der Kopf, das Planungs- und Denkzentrum: Hier entstehen aus Gedanken gezielte Richtung in Form von Bewegung und Handeln mit Hilfe der oberen Körperhälfte. Doch was ist, wenn »der Kopf nicht weiß, was die Füße tun«, wenn eine Person »nicht weiß, wo ihr der Kopf steht« oder einem »etwas über den Kopf wächst«?

Es geht auch anders,
doch so geht es auch.

Bertolt Brecht,
aus: »Dreigroschenoper«

Gehen –
Wie geht's?

Ü Gangarten – gehend in die Füße kommen

1 Wahrnehmen

Haben Sie eine Vorstellung davon, wie Sie gehen? Können Sie wahrnehmen, wie Sie mit jedem Schritt die Füße auf dem Boden abrollen? Haben Sie ein Bild davon, wie Sie den Boden nutzen, um sich mit jedem Schritt von ihm abzustoßen und um anschließend wieder von ihm aufgefangen zu werden? Haben Sie ein Gefühl dafür, welche Verbindung Sie in den Füßen mit dem Boden eingehen?

Schenken Sie Ihren Füßen gehend etwas Aufmerksamkeit, wenn Sie diesbezüglich etwas erfahren wollen. Es geht dabei nicht um die Außenwirkung Ihres Gehens, sondern um die Wahrnehmung einer Bewegung. Davon abgesehen kann es durchaus Spaß machen, diese Gangarten mit Freundinnen oder Kindern zusammen auszuprobieren.
Barfuß wird Ihr Erleben wesentlich intensiver sein. Spüren Sie im Gehen in die Füße hinein. Nehmen Sie wahr, welcher Teil des Fußes den Boden zuerst berührt? Die Hacke? Der Ballen?

Auf den Fersen gehen

Über welche Teile des Fußes rollen Sie ab? Welcher Teil des Fußes verlässt zuletzt den Boden? Wo haben die Zehen Kontakt zum Boden?

Wie rollt der linke Fuß ab? Wie der rechte? Vielleicht gibt es Unterschiede. Vielleicht spüren Sie auf einem Fuß mehr Gewicht als auf dem anderen. Vielleicht empfinden Sie aber auch auf dem Vorderfuß mehr Gewicht als auf dem Hinterfuß. Oder auf den Innenkanten der Füße mehr Gewicht als auf den Außenkanten.

Das Körpererleben von Kindern bildet sich aus und erweitert sich durch vielfältiges Erproben und Erfahren, durch zwei Schritte vor und einen zurück. Wohlwollende und zugewandte Rückmeldungen unterstützen Kinder darin, dass die Bewegung nach vorne ausgerichtet ist: Ihr Erfahrungsschatz kann sich vergrößern.

2 Ausprobieren

Wie wäre es, wenn Sie sich im Erproben verschiedener Gangarten dieser kindlichen Erfahrungen rückerinnern würden und dabei gleichzeitig ein neues Gespür für Ihr Gehen vermittelt bekämen?

Wie wäre es, wenn Sie im Gehen das Gewicht auf die Außenkanten der Füße verlagern? Vielleicht nur angedeutet und auf jeden Fall immer nur so weit, wie es Ihnen angenehm ist.

Wie ist es, o-beinig zu gehen? Wo spüren Sie Spannung im Körper, wenn Sie auf diese Weise gehen? In den Beinen, im Becken, im Rücken oder im Bauch? Sind die Schultern angespannt, hochgezogen? Wie ist die Haltung der Arme und Hände? Wie ist Ihre Atmung? Sie können das Tempo steigern oder langsam wie eine Schnecke werden, noch langsamer.

So wie Sie o-beinig gehen können, ist auch x-beiniges Gehen auf den Innenkanten der Füße möglich. Meistens fällt einem die eine oder andere Art zu gehen leichter. Wie ist es bei Ihnen?

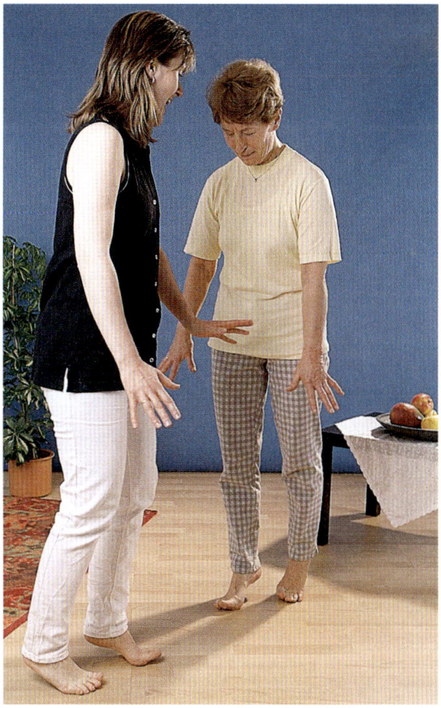

Mit hochgezogenen Zehen auf den Ballen gehen

Sie können weiter mit Gewichtsverlagerungen spielen. Probieren Sie einmal aus, wie es ist, auf den Fersen zu laufen. Wie verändert sich jetzt die Spannung im Körper? Die Haltung der Arme und Hände? Die Atmung?

Das Gehen auf Zehenspitzen ist für Frauen häufig vertrauter als für Männer. Vergleichen Sie diese Art des Gehens mit Ihren vorherigen Erfahrungen. Wo spannen Sie Muskulatur an? Wo nehmen Sie Atmung wahr? Werden die Veränderungen deutlicher, wenn Sie das Tempo steigern?
Noch eine sehr eindrückliche Variante, die allerdings mit Schuhen schwer auszuführen ist: Gehen Sie auf den Ballen und ziehen Sie dabei die Zehen hoch.

Rollen Sie zwischendurch immer wieder über den ganzen Fuß ab und schütteln Sie die Beine aus. Die Bewegungen fordern Bänder, Sehnen und Muskulatur. In welcher Bewegung haben Sie sich am wohlsten gefühlt? In welcher am wenigsten wohl?

3 Erinnern

Bleibt Ihnen noch ein Moment Aufmerksamkeit für eine kurze Bestandsaufnahme, bevor Sie wieder ganz in das Alltagsgeschehen einsteigen? Wenn ja, erinnern Sie sich der Eingangsfragen und spüren Sie ihnen gehend ein zweites Mal nach: Welcher Teil des Fußes berührt zuerst den Boden, welcher verlässt ihn zuletzt? Über welche Teile des Fußes erfolgt links das Abrollen? Rechts? Wo ist Gewicht auf den Füßen wahrnehmbar? Welche Verbindung gehen Sie in Ihren Füßen mit dem Untergrund ein? Wie erleben Sie sich gehend? … ❮

Fallen auffangen

»Wir gehen nämlich, indem wir jeweils von Schritt zu Schritt das Schwergewicht aus des Körpers Mitte hinausverlagern – wohin? Nicht etwa auf etwas Stützendes hin, vielmehr ist die Hinausverlagerung des Schwerpunktes identisch mit der Preisgabe jedweder Stütze. Wir gehen, indem wir fallen, und wir fallen, indem wir den Fall durch Hereinholen des hinausverlagerten Schwerpunktes auffangen, wieder in des Körpers Mitte zurückkehren – worauf der nächste Schritt symmetrisch zum vorhergehenden gesetzt wird.« Hugo Kükelhaus, 1962

Alles geht

Gehen als Bewegung kennt in der Umgangssprache eine Fülle von Vergleichen: Jemand »geht wie auf Eiern«, sehr vorsichtig oder »wie eine lahme Ente«. Eine Person, die »mit Ebbe und Flut« geht, geht ohne Ziel und Zweck. Etwas kann »flott« vonstatten gehen, aber auch »wie geölt«, »wie der Blitz«, »wie am Schnürchen« oder »wie geschmiert«. Statt Schnelligkeit kann gehen für Ausdrücke der Langsamkeit angewandt werden. Jemand kommt voran »wie eine Schnecke« und geht »wie eine Spitaluhr«. Es kann aber auch »zugehen wie in einem Taubenschlag«. Etwas ist »gang und gäbe« wie es ebenso vergehen oder vorbeigehen kann. Durch Aufmerksamkeit auf das Gehen kann etwas »in Gang kommen«. – Wie wäre es, sich zu erlauben, mehr »aus sich herauszugehen« oder »es sich gut gehen« zu lassen?

Wie geht's ?

»Wie geht's?«
»Danke, es geht schon.«
»Na, denn geht's ja.«

Eine Einladung zu einem Gespräch?!

Die Frage nach dem »Wie geht's?« wird von vielen Menschen nicht direkt mit einem »gut« oder »schlecht« beantwortet. So einfach ist das in den meisten Fällen ja auch nicht. Häufig folgen redensartliche Ausdrücke, die das momentane Befinden nicht beschreiben, sondern eher umschreiben, es verhüllen oder verschleiern:
»Es muss ja«
»So lala«
»Eher bescheiden«
»Du weißt ja, schlechten Menschen geht's immer gut«
»Durchwachsen«
»Prächtig bis mittelprächtig«
»Hauptsache, man ist gesund«

Gangarten drücken Befindlichkeiten aus

Fragen nach der Befindlichkeit sprechen einen persönlichen Bereich an, der von einem gewissen Tabu umgeben ist, in den nicht jeder Einblick erhalten soll und das ist gut so.
Wahrscheinlich ist auch nicht immer klar, wie es einem gerade geht. Die Geschäftigkeit des Alltags lässt dem Nachspüren dafür keine Zeit. Vielleicht ist es nicht gewünscht.
Dabei ist Gehen die Bewegungsart, die wie keine andere das Befinden auf zweierlei Weise widerspiegelt. Gemeint ist zum einen die grundsätzliche (Lebens-) Haltung, die in der Art, wie eine Person geht, zum Ausdruck kommt. Ist Ihnen ein Mensch vertraut, erkennen Sie ihn schon von weitem an seinem Gang. Auch wenn er Ihnen den Rücken zugewandt hat; häufig auch, wenn nur die Beine oder der Oberkörper zu sehen sind. Zum anderen ist im Gehen einer Person das momentane Befinden zu erkennen. Es ist geprägt durch Tempo und Schrittlänge, Körperhaltung und Richtung des Gehens. Das ist bei anderen oft leichter zu erkennen als bei sich selbst.

Schritt für Schritt

»Eins nach dem anderen« meint eine besonnene Vorgehensweise, die nicht einem Zeitgeist entspricht, in dem schnelle und schnellste Fortbewegung noch immer fasziniert. Wer nichts vorhat, ist nichts wert. Dabei ermöglicht bewusstes Gehen ein Ankommen bei sich selber. Stimmt das innere Befinden mit dem äußeren Gehen überein? Wenn nein, können Sie entscheiden, ob Sie an Ihrem Gehen oder an Ihrem Befinden etwas geändert haben möchten. Vielleicht ist es einfach gut zu spüren, dass innere und äußere Haltung gerade nicht übereinstimmen. Wenn sie überein stimmen, können Sie entscheiden, ob Sie es dabei belassen oder verändernde Schritte einleiten wollen. Größere Bewusstheit im alltäglichen Gehen ermöglicht die Überprüfung von gewohnten Verhaltensweisen und Routinen.

Gehen statt Fahren

»Wer geht, sieht im Durchschnitt anthropologisch und kosmisch mehr, als wer fährt. (...) Ich halte den Gang für das Ehrenvollste und Selbständigste (...) und bin der Meinung, daß alles besser gehen würde, wenn man mehr ginge. Man kann fast überall bloß deswegen nicht recht auf die Beine kommen und auf den Beinen bleiben, weil man zu viel fährt. Wer zuviel in dem Wagen sitzt, mit dem kann es nicht ordentlich gehen. Das Gefühl dieser Wahrheit scheint unaustilgbar zu seyn. Wenn die Maschine stecken bleibt, sagt man doch noch immer, als ob man recht sehr thätig dabei wäre: Es will nicht gehen.«
Johann Gottlieb Seume, 1802

Den eigenen Weg gehen

»Sind unsere Damen liebenswürdiger geworden, seit sie den freien, festen, trotzigen Gang der Männer annahmen?«
(Journal des Luxus und der Moden 1806)

»Unsere Damen und Desmoisellen nach der Mode haben an ihren Schuhen sehr hohe und sehr spitzige Absätze: und damit der Fuß kleiner und artiger scheinen möge, rückt man sie, soweit man kann, unter den Rücken des Fußes (...) Daher kömmt es, daß die Damen eher fallen, Verrenkungen bekommen, und, weil sie nicht mit Festigkeit gehen können, öfters der Gefahr zu fallen ausgesetzt sind. (...) Der hohe Absatz verhindert wohl unsere Damen, an ungleiche Steine zu stoßen, aber nie können sie gemächlich gehen, als in ihren Häusern und auf den gepflasterten Gassen, welches den Nutzen der platten und niedrigen Absätze hinlänglich zeigt. Auch ziehet das Frauenzimmer, das viel gehen muss, wie die gemeinen Weiber, fürnehmlich auf dem Lande, die Schuhe der Männer vor.« (Peter Camper, 1781)

In China – dem Land der Akupunktur und des Qi Gong – wurden den Frauen der höheren Schichten bis ins 20. Jh. hinein die Füße systematisch verkrüppelt. Den Mädchen wurden bereits im Alter von sechs bis sieben Jahren die äußeren Zehen unter die Füße gewickelt. Sie sollten so auf eine »Idealgröße« von 7,5 cm gebracht werden. Die entstandenen »Lotosfüße« oder eher »Lotoshaken« symbolisieren in ihrer Form die Vagina und galten als besonders erotisch. Diese Folter verdeutlicht sehr drastisch, dass die betroffenen Frauen sich nicht »auf freien Füßen« bewegt haben. Bei diesem Beispiel werden die chinesischen Frauen daran gehindert, ihre eigene Aufrichtung und Haltung zu entwickeln, ihren eigenen Weg zu gehen: Ein grundlegendes Prinzip, um Abhängigkeit zu erhalten.
Frauen können heute zwischen Pumps und Naturlatschen, Plateau- und Turnschuhen, Boots und Pfennigabsätzen wählen. Für jede Situation gibt es den passenden Schuh. Die dafür notwendigen finanziellen Mittel vorausgesetzt: Freiheit für die Füße und den eigenen Weg?

Schuhmode heute

Noch nie wurde dem Körper so viel Aufmerksamkeit gewidmet wie heute. Insbesondere das weibliche Geschlecht soll von früher Jugend bis ins hohe Alter Fitness, Schönheit und Attraktivität verkörpern. Die Mittel dazu sind vielfältig und gehen wahrlich unter die Haut. Die Kosmetikindustrie blüht nach wie vor. Bodybuilding und Korsagen muten freundlich an gegen das Einsetzen von Silikonimplantaten, das Absaugen von Fett und die operative »Korrektur« von Nasen, Augen und Kiefern. Die Männer ziehen nach. – Seinen eigenen Weg gehen?

»Wie geht's mir eigentlich?«

- Mit dem Auf- und Nachspüren des eigenen Befindens bedienen Sie sich des wesentlichen Kriteriums, um herauszufinden, was Ihnen gut tut. Nehmen Sie »Wie geht's?« wörtlich. Lenken Sie Ihre Aufmerksamkeit auf die Art Ihres augenblicklichen Gehens.
- Wie setzen die Füße auf und wie rollen sie ab? Wie ist Ihr Schritt, das Tempo, in dem Sie gehen? Welche Richtung schlagen Sie ein? Wie erleben Sie sich aufgerichtet? Was passiert, wenn Sie die Schrittlänge, Ihr Tempo verändern? Kleiner, größer, langsamer, schneller, noch langsamer, noch schneller.
- Machen Sie sich in Ihrem Gehen klein und groß. Ändern Sie die Richtung. Bieten die Füße eine sichere Ausgangsbasis? Welche Gangart ist stimmig? Ist es tatsächlich die gerade gewählte oder gibt es noch etwas zu verändern? Tun Sie es!

Frauen gehen anders...

»Die Frauen sind nicht zum Laufen geschaffen. Wenn sie fliehen, so geschieht es, um eingeholt zu werden. Das Laufen ist nicht das einzige, was sie ungeschickt tun, es ist aber das einzige, was sie ohne Anmut tun. Ihre hinten ausgestreckten und gleichsam an ihren Leib angeleimten Ellbogen geben ihnen eine lächerliche Haltung, und die hohen Absätze, auf denen sie gehen, lassen sie wie Heuschrecken aussehen, welche laufen wollen, ohne zu springen.«
(Rousseau 1762)

Kein Wunder bei den Schuhen mit den sogenannten Louis-XV-Absätzen. Sie waren bis zu fünf Zentimeter hoch und vor den Fersen platziert, so dass ein Abrollen der Füße unmöglich war. Zusätzlich schnürten sich die Frauen des Bürgertums spindeldürre Taillen. Derart zugerichtet waren autonome Fortbewegung und autonomes Handeln nicht möglich.

Gehen zu Rousseaus Zeiten

Gehen heute

Auch wenn Frauen nicht mehr nur auf eine Rolle festgelegt sind, weist die Art ihres Gehens charakteristische Merkmale auf, die abhängig von Alter, Schichtzugehörigkeit und der aktuellen Situation erkennbar sind. Frauen bewegen ihre Beine eher in kleinen Schritten. Sie setzen ihre Füße eher voreinander, als seitlich raumgreifend. Ihre Fußspitzen sind eher nach innen gekehrt und halten die Knie häufig nah aneinander. Frauen neigen immer noch dazu, sich so schmal wie möglich zu machen und wenig Raum einzunehmen. Diese Art des Raumeinnehmens ist eher statusniedrigeren Personen zuzuordnen.

... Männer auch ...

Männer setzen ihre Füße eher seitlich und nach vorne raumgreifend auf, ihre Fußspitzen weisen nach außen. Die Knie werden dabei eher nach außen gedrückt. In Verbindung mit einer entsprechenden Armhaltung neigen Männer dazu, viel Raum einzunehmen. Diese Art des Raum-Einnehmens ist eher statushöheren Personen zuzuordnen.

... und Kinder?

Beine und Füße können als Bewegungszentrum bezeichnet werden. Sie befördern unser inneres Bewegt-Sein hinaus in die Welt. Sie zeigen die Richtung an, in die Menschen sich begeben und sie ermöglichen es, der Bewegung einen Rhythmus und eine Zielrichtung zu geben.

Fußspuren einer Frau …

… eines Mannes …

… und eines Kindes

Gehen stellt ein genetisches Potential dar, d. h. dass die kindliche Entwicklung weder dahin – gehend forciert, noch dass die Kinder in der oben beschriebenen Art gegängelt werden müssen. In ihrem eigenen Rhythmus wenden sie sich ab, kehren den Rücken, trennen sich und nähern sich neuen Dingen. Mit dem Laufenlernen erlangen sie eine neue Qualität von Selbstständigkeit und Selbstbewusstsein – sie verlassen (meistens) eine sichere und vertraute Nähe, um auf selbst gesteckte Ziele loszugehen und Neues zu wagen. Der Ausgang ist für sie nicht vorhersagbar. Stolpern ist auf diesen Wegen ausdrücklich erlaubt. Sie kommen aus dem Tritt und finden für sich ein neues Gleichgewicht.

TV-Gang

- Haben Sie Spaß daran, mit Gangarten zu experimentieren? Durch die Fernsehprogramme zappen ist ein mögliches Medium. Versuchen Sie den Gang Ihrer Fernsehhelden nachzuempfinden. Wodurch unterscheidet sich die Gangart John Wayne's von der Quincys?
Wie gehen Moderatorinnen und Moderatoren im Unterschied zu ihren Gästen?
Wie gehen kurzatmige Kommissare und wie erfolgreiche Staatsanwältinnen?
Wie gehen Leichtathletikmeisterinnen und wie Eiskunstläuferinnen?
Wie gehen Mörder und wie Opfer?
Welche Gangarten finden Sie noch?

Alte Einsichten

»Immer gewohnt, geleitet, geführt oder getragen zu werden, lernt das Kind kaum, seine Füße brauchen, weiß sich beim Ausgleiten nicht im Gleichgewicht zu erhalten, hält sich an alles an, und so gewöhnt sich der Mensch an fremde, sehr mißliche, oft fehlende Unterstützung, da er doch in sich immer gegenwärtige, sichere Kräfte hat. Man merkt es bald, ob Kinder natürlich, oder erkünstelt gehen gelernt haben; die ersteren haben einen sicheren Tritt, klettern ohne leicht zu fallen, die letzteren wanken auf eine erbarmungswürdige Art hin und her, zittern vor jedem Abhang, stolpern und fallen über jeden Stein, halten sich ängstlich an die Kleider der Wärterin.«

Christian August Struve, 1803

Ü Sinnesgang für die Füße

Barfußgang

Sie können die Art des Gehens verändern und Sie können die Materialien, auf denen Sie gehen, wechseln.

Kommt Ihnen der Begriff »Barfußgang« bekannt vor? Hugo Kükelhaus hat Erfahrungsfelder der Sinne entwickelt, die in »Sinnenparks« verwirklicht worden sind. Fester Bestandteil ist solch ein Gang. Barfuß gehen Sie über verschiedenste Materialien. Wie fühlt es sich an, über trockene Blätter und Murmeln, über Korken in verschiedener Höhe, vielleicht über Sandpapier und Sand zu gehen, in Matsch zu treten? Wenn Sie sich mit geschlossenen Augen führen lassen, ist das Erleben noch sensationeller, weil die Augen die Erfahrung nicht vorwegnehmen können.
Vielleicht existiert solch ein Park in Ihrer Nähe. Wenn nicht, kann solch ein Gang im eigenen Garten angelegt werden. Felder von ca. 1m Länge sind ausreichend. Welche Naturmaterialien erscheinen Ihnen anregend und bieten den Füßen Wohlgefühl und Herausforderung, Kontrast und Einschmeicheln? – Sand, Kies und Steine, trockenes Laub und trockene Äste, vielleicht Muscheln oder Torf, Heu und Stroh, eine Matschkiste? Der Fantasie sind keine Grenzen gesetzt.
Ohne Garten und Park besteht die Möglichkeit, dem Gehen in der Wohnung verschiedenen Grund anzubieten. Ein Fell über das Sie immer mal wieder gehen, eine Kokosmatte, der Holz- oder Teppichboden, der vorhanden ist. Wenn Sie gerne basteln, können Sie ein größeres »Tablett« mit unterschiedlich hohen Korkstücken leicht selber herstellen.

Sinnesgang der Fantasie

› Sie arbeiten im Verkauf oder in der Beratung und verbringen viele Stunden Ihrer Arbeitszeit im Stehen? Sie arbeiten im Service und sind gefordert, ständig kurze Strecken konzentriert und schnell zu gehen? Während Sie auf den nächsten Bus oder die Straßenbahn warten, den nächsten langweiligen Empfang oder eine Besprechung über sich ergehen lassen, können Sie Ihren eigenen Barfußgang verwirklichen. In Ihrer Fantasie und nach Ihren momentanen Bedürfnissen gestaltet.

1 Wiese …

Können Sie sich vorstellen, barfuß durch die Wiesen zu streifen?
Was wäre Ihnen lieber? Ein Spaziergang früh am Morgen, wenn die Feuchtigkeit des Taus Ihre Füße kühl benetzt?
Eine kleine Wanderung, bei der Sie die warme Nachmittagssonne wohlig umgibt? Das Gras ist weich und trocken. Sie spüren die Struktur der Halme unter Ihren Fußsohlen. Unter dem Gras ist die leicht feuchte und dennoch warme Erde wahrnehmbar. Die Gräser umspielen sanft die Fersen, die Sprunggelenke und die Oberseite der Füße. Manchmal kitzeln einzelne Gräser zwischen den Zehen.
Bodenwellen führen Sie auf Ihrem Weg leicht bergauf und wieder hinab. Sie gelangen auf eine Wiese, die gerade gemäht wurde. Welch eine Herausforderung! Gerade noch die weichen Halme, die sich nachgebend den Füßen und Ihrem Gang angepasst haben. Jetzt die abgeschnittenen Stengel, von denen jeder einzelne bei jedem Schritt unter den Füßen zu piksen scheint.

Barfuß

Was geschieht beim Barfußgang? Die Füße werden in ihrer Anpassung an die verschiedenen Materialstrukturen belebt. Dies ist ebenso wichtig für die Fußmuskulatur wie für Sehnen und Bandapparat. Nervenbahnen verbinden die Fußsohle mit allen Organen des Körpers. Anregende Impulse werden auf diese Weise in den gesamten Organismus geleitet. Der Tastsinn in den Füßen wird gereizt und gestärkt. Im Gehen erproben die Füße tastend den Grund und geben Gleichgewichtsempfindungen an den Körper weiter. Sie veranlassen Oberkörper, Arme, Beine und Kopf zu Ausgleichsbewegungen und streben ein dynamisches Gleichgewicht an.

Vielleicht rollen Sie den Fuß ganz bewusst von der Ferse bis zum Ballen und den Zehen, um die widerspenstigen Halme zu überlisten. Oder setzen Sie doch ab und zu den ganzen Fuß auf, um das Sticheln an der Sohle bewusst wahrzunehmen? Ist zu merken, wie die kurzen Halme mit dem Druck Ihres Gewichts brechen? Zwischendurch ein Tritt auf getrocknetes Gras, das liegen geblieben ist. Darunter die stehen gebliebenen Halme ...
Der Untergrund ändert sich. Die Wiese grenzt an einen Weg. Halme und Gras mischen sich zunächst mit Sand. Die Füße treten in den Sand ein. Das Gehen fordert nun eine andere Anstrengung. Die Zehen spreizen sich auf dem sandigen Boden. Spüren Sie mehr Gewicht auf den Ballen? Auf den Fersen?

2 ... oder Sand

Sie können sich eine andere Kulisse wählen. Vielleicht behagt Ihnen ein Spaziergang am Strand mehr: Sand unter den Füßen spüren. Wie spüren Sie den Sand unter den Füßen? Wie rollt ein Fuß nach dem anderen in dem nachgebenden Sand ab?
Welche Temperatur hat der Boden? Vereinzelt treten Sie auf Muscheln. Kleine Herzmuscheln, Pfahl- und gebrochene Reste von Miesmuscheln.
Wie wäre es, auf eine gestrandete Qualle zu treten? Die Muscheln werden dichter, der Untergrund fester. Nur gut, dass Sie das kennen. Immer verändert sich der Boden zum Wasser hin auf diese Weise.
Gleich gibt es keine Muscheln mehr, der Sand wird gröber und feuchter. Sie haben das Gefühl, über ein welliges Relief aus Sand zu gehen. Jede Welle hat in diesem Relief ihre ganz eigene Spur hinterlassen. An einigen Stellen ist der Strand sehr fest. An anderen sinken Sie leicht in den Boden ein. Beim Abrollen der Füße verursacht der Schlick einen leichten Sog.
Die letzten Ausläufer der Wellen umspielen Ihre Füße und Sprunggelenke. Das zurückfließende Wasser spült Sand unter den Füßen fort. Bleiben Sie an der Wasserkante oder gehen Sie noch etwas tiefer ins Wasser? ... ❮

marschieren
spazieren
umher geistern
promenieren
schreiten
trotten
trampeln, traben
hoppeln
tanzen, eilen
steigen
tippeln, laufen
schlendern
stelzen
schluffen
schlürfen
rennen
trippeln
trapsen
pirschen
umherschweifen
umherirren
stromern
wandern
wandeln
stolzieren

Ein Barfußgang – in Ihrer Fantasie geschaffen: Wie würde er jetzt gerade aussehen?

Bilder Ihrer Fantasie

Gute Bilder, die die Fantasie anregen, können eine Entspannung der Muskulatur herbeiführen und so ein Wohlgefühl erzeugen. Was für Sie gute Bilder sind, bestimmen allein Sie. Wenn vorgegebene Bilder nicht gefallen, lassen Sie sie einfach weg oder nehmen andere. Eine Person verbindet mit dem Bild »Meer« vielleicht ein Gefühl des Getragen-Werdens und Geborgen-Seins. Eine andere bekommt Angst oder wird unruhig, weil sie sich bedroht fühlt, verschlungen zu werden und zu versinken.
Der Umgang mit Fantasien und Bildern ist ein anderer Vorgang als z. B. beim Autogenen Training. Bei dieser Methode wird Entspannung durch geistige Leistung erreicht. Durch wiederholtes Aussprechen von Formeln wie: »Mein Bein ist schwer und entspannt« wird Entspannung vorgegeben bzw. suggeriert. Der Körper »lernt«, auf diese Formeln mit Entspannung zu reagieren.

Wieviel Bewegung braucht Gesundheit?

»Treppen statt Fahrstuhl, kurze Strecken gehen«. Die Weltgesundheitsorganisation bringt die notwendige körperliche Grundversorgung auf eine schlichte Formel.

Bewegungsunlust als eine Art, mit dem Körper umzugehen, beginnt bei Kindern und setzt sich bis ins Erwachsenenalter fort.
Eine andere Tendenz zeigt die Modellierung des Körpers. Silikongestylt und »body (ge)shaped« zeigen sich weibliche Schönheiten und parfümbewusste Männer auf den Titelseiten der Illustrierten.

Das Herz eines Leistungssportlers pumpt etwa 30 Liter Blut in der Minute durch den Körper. Das sind in etwa 7 Liter mehr als bei einem untrainierten Menschen bei hoher Belastung. Bewegung wirkt sich positiv auf Körper und Lebenserwartung aus: Die Abwehrkräfte werden gestärkt, das Herz- und Lungenvolumen vergrößert, gleichmäßig trainierte Muskeln stützen und schützen die Wirbelsäule. Körperliche Reserven unterstützen Heilungsprozesse. Ein geschmeidiger Körper fällt seltener. Unfallträchtige Ausrutscher werden verringert. Gemäßigte sportliche Bewegung wird dafür als ausreichend angesehen; das heißt mindestens zweimal pro Woche bei körperlicher Bewegung ins Schwitzen geraten. Führen Sie beispielsweise einen Hund regelmäßig aus, der sie auch mal zum gelegentlichen Spurt veranlasst, erhöht dies bereits ihre Lungenfunktion.

Der Nutzen körperlicher Aktivität kann jedoch immer noch nicht einwandfrei festgelegt werden. So ist nicht geklärt, ob und auf welche Weise eine passive Person ihr Krankheitsrisiko erhöht: Aufgrund mangelnder Bewegung oder weil sie einer Lebensweise folgt, die ihrer Gesundheit nicht zuträglich ist.
Sicher ist nur, dass ein komplexer Prozess wie Gesundheit nicht in einfachen Wenn-dann-Beziehungen beschrieben werden kann.
Sicher ist auch: Verletzungen, die durch Freizeitsport verursacht werden, gehören zu den teureren Erkrankungen und die »Helden der Nation«, die Fußballer, sind am meisten gefährdet.
Statt soziale Fähigkeiten im Mannschaftssport zu fördern und die Koordination zu schulen, häufen sich Trainingsunfälle durch überbeanspruchte und ermüdete Bänder, Sehnen und Muskeln. Bei jungen Sportlerinnen zeigen sich zunehmend Formen von Magersucht. Sie entwickeln sich unter anderem aus diesen gesundheitsschädlichen Zuwendungen des Körpers. Bei Hauruck-Programmen Ungeübter drohen Bänderrisse, eine übermäßige Belastung der nicht geschmeidigen Gefäße und eine Schwächung des Immunsystems statt der erhofften Stärkung.
Das spricht nicht dagegen, an Belastungsgrenzen zu gehen, aber Fitnessprogramme wollen aufgebaut sein. Ein »mildes« Training, dreimal die Woche 15-40 Minuten, reicht aus. Suchen Sie sich auf jeden Fall eine Bewegungsart, die Ihnen Spaß macht. Andernfalls werden Sie das Training schnell wieder einstellen oder es mit einer verbissenen oder lustlosen Haltung durchziehen, die ihr Wohlbefinden kaum steigern wird.

Radeln

▸ »Trocken-Radfahren« aktiviert die Gelenke, Bänder, Sehnen und Muskeln in den Beinen ohne Gewichtsbelastung. Auf dem Rücken liegend strecken Sie die Beine so faul wie möglich in die Luft. Es kann für den Rücken entspannend sein, die Hände unter Kreuzbein oder Kopf zu legen. Probieren Sie aus. Die Hüft-, Knie- und Sprunggelenke beziehen Sie in Ihr Radfahren ein. Auch die Zehen können mitfahren. Vorwärts und rückwärts, ganz unterschiedliche Geschwindigkeiten, auf verschieden großen Rädern. Sie können seitlich oder mehr nach vorne treten, können tanzend fahren…
Lassen Sie die Beine den Weg zum Boden finden. Wie wirkt die Bewegung in Ruhe nach?

99 Möglichkeiten zu sitzen

**Es ist
im Alltag
immer noch leichter,
99 verschiedene Stühle
zu finden als 99
Sitzpositionen.**

Ü Zum Sitzen niederlassen

Ägyptischer Königsthron um 2600 v. Chr.

Schinkelstuhl 1825

Übung und kulturelle Gewohnheit haben in der westlichen Zivilisation dazu geführt, dass sich das Sitzen auf Stühlen zur dominanten Körperhaltung entwickelt hat. Viel wird über das »richtige« und das »falsche« Sitzen gesprochen. Weniger Aufmerksamkeit erhalten die vielfältigen Formen des körpergerechten Sitzens. Sie sind aufgrund der Eigenschaften des Skeletts und der Muskulatur ebenso erlaubt.

1 Bodenhocker

Wie wäre es, sich weiterer Möglichkeiten des Sitzens zu erinnern? Diese Arten des Sich-Nieder-Lassens waren für Sie als Kind vertraut und gehörten zum selbstverständlichen Bewegungsschatz.

So gehören die verschiedenen Hockstellungen zu den stabilen Sitzhaltungen. Stabil heißt, dass die Position grundsätzlich über einen längeren Zeitraum bequem eingenommen werden kann. Im Stehen werden eindeutige Pole von oben und unten gebildet. Manchmal erscheint es aufgrund dieser Entfernung schwierig, die Zusammengehörigkeit und Wechselbeziehung zwischen Kopf und Füßen auszumachen. Hocken dagegen sind kompakt. Das kann den Vorteil bieten, ganz nah bei sich zu sein. Die Oberschenkel sind dicht an den Körper gezogen. Der Bauchraum kann sich in der Einatmung nicht wie gewohnt nach vorne wölben. Das macht aber nichts, weil sich der Atem nun andere Wege sucht. So werden die Organe im Unterleib massiert. Der Atem kann intensiver auf der Körperrückseite, in der Region von Lenden und Becken bis in den Genitalbereich zu spüren sein.

Können Sie sich bequem in der Hocke niederlassen? Es kann vorkommen, dass eine verkürzte Achillessehne den Weg nach unten erschwert. Dies ist in den seltensten Fällen angeboren. Die Verkürzung wird z. B. durch langes Stuhlsitzen oder durch das häufige Tragen hochhackiger Schuhe unterstützt. Wenn Sie sich dennoch das Hocken am Boden gönnen wollen, hilft es, sich eine zusammengerollte Decke oder ein Kissen unter die Fersen zu legen. Die Dehnung der Achillessehnen ist auf diese Weise nicht so ausgeprägt. Auch ein kleiner Hocker oder ein dickes Kissen unter dem Gesäß bringt Sie dem Boden näher und entlastet den Zug auf die Sehnen. Das leicht erhöhte Sitzen schafft weitere Veränderungen in der Körperhaltung. Der Druck der Oberschenkel gegen den Bauch ist nicht so stark, die Knie und Hüften sind weniger gebeugt.

Achten Sie auf eine körpergerechte Ausführung der Hocken! Dies geschieht, wenn die Knie über den Füßen ausgerichtet sind. Indem Oberschenkel, Knie und Füße eine Linie bilden, wird das Gewicht des Körpers, das auf den Kniegelenken ruht, gleichmäßig und nicht punktuell verteilt. Die Belastung ist so am geringsten.

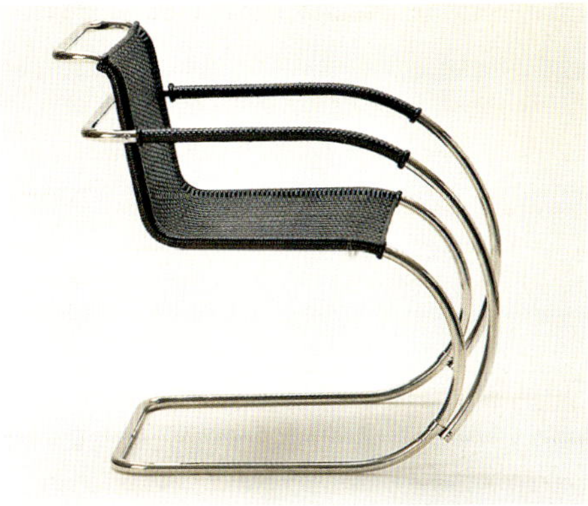

Mies van der Rohe, 1927

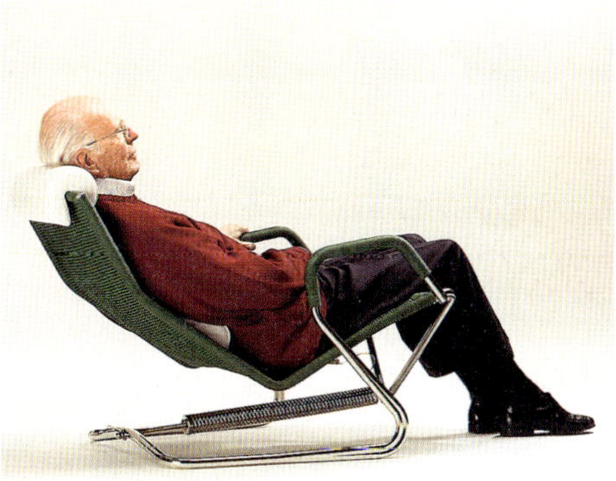

Bewegtes Sitzen um 1990

Sie können sich ohne Bedenken in den verschiedenen Abstufungen in die Hocke begeben, wenn Sie keine entzündlichen Prozesse oder Schmerzen in den Knie- oder Hüftgelenken haben. Wesentlich ist Ihr eigenes Wohlgefühl in den verschiedenen Hockstellungen, das vielleicht mit der Neugier auf ungewohnte Sitzhaltungen gepaart ist.

Vielleicht mögen Sie dem Empfinden in Fuß-, Knie- und Hüftgelenken nachspüren. Nehmen Sie die Dehnung der Waden, Oberschenkel und des unteren Rückens wahr? Wie nehmen Sie sich in den Hocken wahr?
Sie verhindern ein Überschreiten Ihrer Bewegungsgrenzen, wenn Sie die Empfindungen für sich beschreiben und ernst nehmen!

Wie spüren Sie die Dehnung? Es schadet dem Körper nicht, einen Dehnungsschmerz zu erfahren oder ihn als Herausforderung zu erleben. Sie sollten die Sitzposition jedoch verändern, wenn Sie einen stechenden Schmerz fühlen. Ein stechender Schmerz spricht nicht grundsätzlich gegen den von Ihnen eingenommenen Sitz. Er zeigt Ihnen nur deutlich, dass dieser Sitz zur Zeit nicht der für Sie geeignete ist. Ignorieren Sie ihn nicht. Vielleicht kann es sinnvoll sein, wertschätzend mit ihm umzugehen und ihn als klares Wissen des Körpers zu akzeptieren, dass eine Grenze erreicht bzw. bereits überschritten wurde.

Wie wäre es, sich statt auf den Boden auf Stühle, Bänke oder Sofas zu hocken …?

Entspannendes Sitzen

Stühle als Stützen der Gesellschaft? Stuhllehnen als ein Sinnbild für ein ausgeprägtes Anlehnungsbedürfnis?
Die Mentalität des Orients hat Sitzhaltungen entwickelt, die auf dem Boden sitzend zugleich Entspannung und Beweglichkeit zulassen. Der Körper ruht in sich selbst. Diese Art von Komfort sieht den Menschen jederzeit in der Lage, Kontrolle über die Muskulatur auszuüben. Bequemlichkeit und Komfort werden im westlichen Kulturkreis eher mit Abspannen und Abschalten verbunden als mit Entspannen.

»Hochsitze«

In der Geschichte des Stuhls ist erhöhtes Sitzen auch immer ein Ausdruck von Macht und Hierarchie. Ein freistehender, höher gestellter oder mächtiger Stuhl entsprach lange dem Thron eines Herrschers. Die Untergebenen saßen auf Böden und Bänken oder mussten stehen. Diese Tradition ist auch heute noch zu finden: das Pult von Lehrpersonen und Rednerinnen, der Chefsessel, ein Podest für die Vorsitzenden bei Versammlungen, im Gerichtssaal und im Parlament.

2 Den Boden besitzen

Auch die Vielfalt des Langsitzes kann Ihren Vorrat an Sitzpositionen erweitern. Auf dem Boden sitzend sind die Beine ausgestreckt. Die Beine liegen dicht zusammen oder weiter auseinander. Vielleicht haben Sie ein Bild vor Augen, das in der Grätsche sitzende Kinder zeigt: in ein Spiel vertieft mit zwischen den Beinen liegenden Gegenständen. Die Beine werden so hin- und herbewegt, wie es das Spiel gerade verlangt.

Langsitz

Der Sitz heißt Langsitz, weil die Beine lang am Boden liegen. Für westlich geübte Menschen ist die Ausführung dieses Sitzes nicht immer einfach. Das hat zwei Ursachen. Zum einen wird im Langsitz die ganze Körperrückseite gedehnt. Das könnte also schon aus physiologischen Gründen dafür sprechen, sich häufiger in diese Haltung zu begeben. Gehört doch die Muskulatur der Beinrückseiten und des Rückens zu denjenigen, die bei vielen verkürzt sind. Zum anderen stellt es eine Herausforderung an die Muskulatur dar, ohne stützende Lehne den Oberkörper aufrecht zu halten.
Veränderungen der Körperhaltung können die Rückenmuskulatur entlasten. Stützen Sie die Arme hinter dem Körper ab, wenn Sie merken, dass der Rücken immer runder wird. Auf diese Weise verringern Sie den Druck auf die Bandscheiben.
Strecken Sie dabei den Brustkorb nach vorne, so dass insbesondere die Atmungs- und Verdauungsorgane nicht gequetscht werden. Vielleicht möchten Sie in Ihrer Vorstellung einen Faden zu Hilfe nehmen. Der zieht den Brustkorb behutsam am Brustbein schräg nach oben.
Die Arme aufgestützt, können Sie den einen oder den anderen Fuß aufstellen. Oder vielleicht lieber beide?

In jedem Fall wird die Dehnung der Beinrückseiten gemindert und Sie haben Boden unter den Füßen. Zur Abwechslung ist es möglich, das aufgestellte Bein am Knie zu fassen oder in die Kniekehle zu greifen. Bei der zweiten Variante ist der Druck auf das Kniegelenk geringer. Anstatt mit den Händen zu halten, können Sie ein oder beide Knie auch »umarmen«.
Vielleicht werden Sie feststellen, dass es abhängig von Ihrer Stimmung ist, in welcher Haltung Sie sich wohl fühlen.

Ermüdet die Rückenmuskulatur von Kindern beim Sitzen, so scheint es, als ob sie ganz automatisch ihre Position verändern. Entweder nehmen sie eine andere Sitzhaltung ein oder sie rollen sich zum Liegen und spielen so weiter. Es ist kaum zu beobachten, dass ihr Rücken immer krummer wird und sie in einer gebeugten Position verharren. Dieser Mechanismus scheint so lange zu funktionieren, wie die Kinder keiner »Sitzdressur« unterworfen sind.

»Lasst mir Zeit« – auch zum Selbst-Sitzen

Die Fähigkeit zum Sitzen ist den Menschen in die Wiege gelegt. Etwa ein halbes Jahr erprobt sich ein Kleinkind beständig, bis es in der Lage ist, den Oberkörper sitzend auf den Sitzbeinhöckern auszubalancieren. Die Sitzbeinhöcker sind die tiefsten Punkte des Beckens. Sie sind eine wichtige Stütze des Rumpfes beim Sitzen und in dieser Haltung durch die Haut gut fühlbar. Im Stehen sind sie von Muskeln bedeckt. Das Kind kann sitzen, wenn es sich selbstständig aufsetzen kann und keine Stütze im Rücken braucht. Auch die Hände sind nicht zum Abstützen notwendig. Das Kind kann Kopf, Oberkörper und Arme frei bewegen, ohne das Gleichgewicht zu verlieren. Die freie Beweglichkeit der Beine entwickelt sich etwas später.
Die vielfältige Erprobung stärkt die Bauch- und Rückenmuskulatur des Kindes. Die Zusammenarbeit von Muskulatur und Nervensystem entwickelt sich dahingehend, dass Bewegung im dreidimensionalen Raum möglich und selbstverständlich wird.

Etwa dreihundert Muskeln sind am Selbst-Sitzen beteiligt. Mit den vielen Sitzpositionen, die Kinder im Spiel einnehmen, stimmt sich auch das Spiel der Muskeln immer feiner aufeinander ab. Der Gleichgewichtssinn wird ausgebildet. Deutlich wird auch die Beziehung, die die Kinder zum Boden haben. Er stellt die Basis dar, von der aus das Kind sich gegen die Schwerkraft zum Sitz aufrichten kann. Er gibt tragenden Halt und Orientierung. Diese Erfahrungen sind die Voraussetzung, um in der weiteren Entwicklung gut auf die Füße kommen zu können.

Gleich im Alltag?

In der Tradition der kirchlichen Gemeinde existieren sie noch, die Bänke. Steht dahinter der Gedanke: Vor Gott sind alle gleich?
In Festzelten sind sie nicht nur praktisch, sondern demonstrieren auch Gemeinsamkeit und Freizeit. Finden sich Bänke in Gasthäusern, ist der Charakter des Hauses entweder »einfach«, »rustikal« oder »so wie früher«. Aber im Alltag?

›Banksitzen‹ und ›Enge‹

Das Kind kann nicht sitzen, wenn es zwar im Sitz verweilen kann, aber nicht in der Lage ist, sich selbstständig aufzusetzen und sich wieder hinzulegen. Das Kind kann auch dann nicht sitzen, solange es nur mit der Unterstützung von Erwachsenen oder mit Kissen und Babystuhl im Sitzen verharren kann und anderenfalls umkippen würde. Letztendlich wird das Erleben genommen, etwas aus eigener Kraft entwickelt zu haben. Es scheint dabei vergessen zu werden, dass das wesentliche Lebenserfahrungen sind.

Die natürliche und schrittweise Entwicklung der Muskulatur wird auf diese Weise unterbunden. Das sind aber die Lebenserfahrungen, die Kinder in dem Alter machen.

Wie »selbst-sitzig« sind Erwachsene noch, gemessen an den Kriterien, die für Kinder gelten? Lehnen, Kissen und Polster spielen im Leben der Erwachsenen eine immer größere Rolle. Jetzt jedoch, um den Körper während der Arbeit, oft auch in der Freizeit, an stundenlanges Sitzen anzupassen.

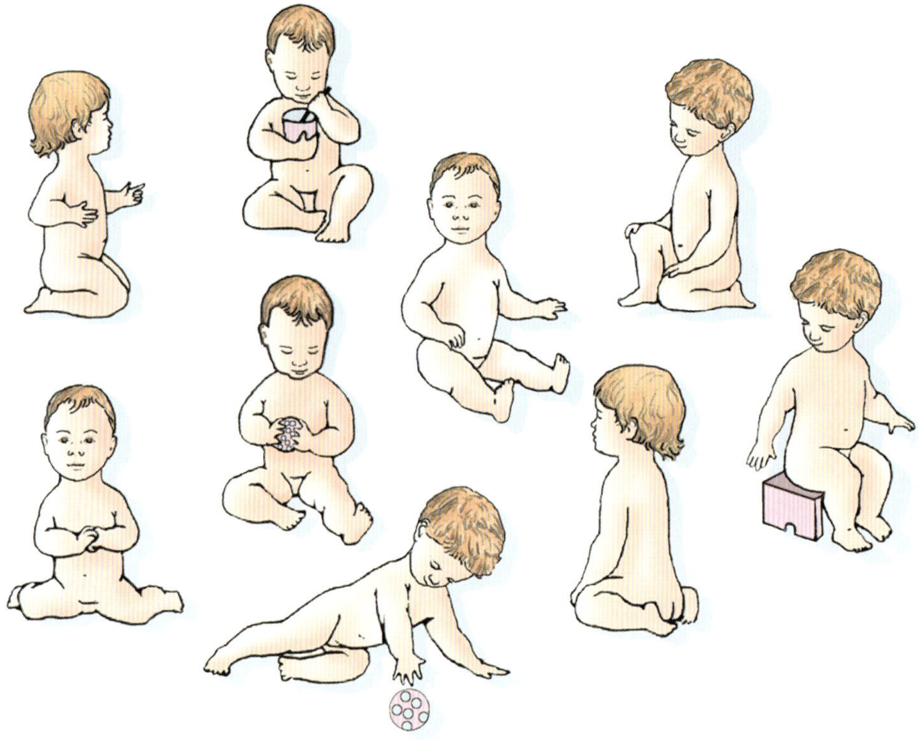

Sitzstadien von Babys

Sitzdressur fängt dann an, wenn Kinder des bloßen Sitzens wegen Kissen in den Rücken und in die Seiten gelegt bekommen. In der scheinbaren Absicht, es gut zu meinen, ist die häufige Begründung: Es sei doch deutlich zu sehen, dass das Kind schon sitzen will und es sehe doch so niedlich aus.

Weder das Selbst-Sitzen noch das Zusammenspiel der dreihundert Muskeln wird dadurch gefördert. Von dem eigentlichen Geschehen ausgelagerte Trainingsprogramme sollen das ausgleichen, was durch nicht körpergerechtes und langes Sitzen an Verspannung und Abspannung hergestellt wird.

Still-Sitzen soll gelernt sein

»Setz dich ordentlich hin«; »Sitz gerade«; »Bleib endlich still sitzen«; »Zappel nicht so auf deinem Stuhl rum«; »Nimm die Hände auf den Tisch«; »Lümmel dich nicht so auf den Stuhl«.

Allein die Wirbelsäule hat etwa hundert Gelenke. Zum Still-Sitzen? Kontrolle, Disziplin, das Verhindern von sinnlichem Bewegungserleben und vermeintlichem Schlendrian sind Gründe für diese einschränkenden Aufforderungen. Sie entsprechen kulturellen Vorstellungen über das richtige und angemessene Sitzen. Sie sind keine Auswüchse, sondern in verschiedenem Ausmaß Normalität für Kinder.

Schon Mitte des letzten Jahrhunderts wird beobachtet, daß langes Sitzen der Gesundheit nicht förderlich ist. Schülerinnen und Schüler sacken beim Schreiben mit dem Oberkörper nach vorne ab und klagen über Schmerzen im Rücken. Erklärt wird dies zum einen mit der Ermüdung der Muskulatur durch langes Sitzen. Zum anderen werden unzweckmäßige Tische und Bänke für diese Haltung verantwortlich gemacht. So konnten die Kinder nicht einmal beide Füße fest auf den Boden stellen. Während die Verfechter der einen Richtung neben körperfreundlicherem Mobiliar auch mehr Pausen, weniger Schreibarbeiten und mehr Abwechslung zwischen Sitzen, Stehen und Laufen sowie weniger Hausaufgaben forderten, verlangte die andere Fraktion ausgeklügeltere Tisch- und Bankkonstruktionen.

So ist 1887 in einem Buch über Schulbänke nachzulesen: »*Bei allem Drang nach Freiheit komme man nicht darüber hinaus, daß man zum Schreiben eine ganz gesetzmäßige Haltung einnehmen muss, und (weil) dies der Fall ist, so muß eine gute Schulbank auch die Schüler zwingen, beim Schreiben gerade zu sitzen.*«

Diese Moral scheint sich wie ein roter Faden und in abgeschwächter Form bis heute durchzuziehen. Die im Elternhaus begonnene Dressur geht in Kindergarten und Schule weiter.
Sie gilt als Vorbereitung für späteres Sitzen: am Computerarbeitsplatz, am Schreibtisch, bei monotoner und sitzender Arbeit am Fließband, in der Universität. Sitzen auf dem Weg zur Arbeit und auf dem Weg zurück, Sitzen in der Freizeit. Pendelnd zwischen Dressur und Selbstverständlichkeit ist Sitzen längst zur vorherrschenden Körperhaltung geworden.

Für die zivilisierten Stuhl(be)sitzer kann es sinnvoll sein, einen Blick auf die Sitzgewohnheiten von Menschen in anderen Kulturen zu werfen, um die gedachte Richtigkeit ihres eigenen Sitzverhaltens zu relativieren. Was in westlich orientierten Gesellschaften bestenfalls dem Freizeitbereich vorbehalten ist, gehört für viele Menschen zum Alltag – arbeiten und ruhen in knieenden und hockenden Positionen.

Zappelphilipp

Können Sie sich noch gut oder nur ganz schwach an die Lust erinnern, einmal wieder Zappelphilipp zu sein?

- Sie sind eingeladen, auf einem Sitzball durch die Wohnung zu hoppeln. Am besten eignen sich die alten Kindersitzbälle mit den beiden Nippeln zum Festhalten. Schon mal ein Wetthüpfen damit gemacht? Auf dem glatten Sitzball für Erwachsene können Sie zumindest noch auf- und abfedern.
- Der Balancestuhl eignet sich, um nach vorne und hinten zu schaukeln, ganz aus der Kraft der Rückenmuskeln heraus.
- Das Auf-dem-Küchenstuhl-Kippeln macht so lange Spaß, wie Sie sicher sein können, sich im Nach-hinten-Umfallen nicht weh tun zu können. Falls das nicht geht, setzen Sie sich doch mal verkehrt herum auf den Stuhl.
- Breite Sessel eignen sich hervorragend zum Sitzturnen.

Und was fällt Ihnen noch ein?

Ü Auf das Sitzen von Frauen und Männern geblickt

❯ Neben natürlichen und situationsabhängigen Sitzweisen gibt es auch heute noch Unterschiede in den Sitzpositionen von Frauen und Männern. Dabei ist »Raum einnehmen« das zentrale Thema.

1 Engsitz

Versuchen Sie einmal, folgenden Sitz einzunehmen: Auf einem Stuhl sitzend stehen die Füße dicht zusammen. Die Knie berühren sich. Die Hände liegen im Schoß oder sind vor dem Bauch verschränkt.
Sie ändern Ihre Sitzposition und schlagen die Beine übereinander. Der Weg des oberen Beines geht noch weiter. Schlingen Sie dessen Unterschenkel um den Unterschenkel, der auf dem Boden steht. Stützen Sie nun die Unterarme hüftnah auf den Oberschenkeln ab. Und der Kopf? Probieren Sie zwei Möglichkeiten. Lassen Sie ihn das eine Mal hängen und legen ihn das andere Mal in den Nacken.
Wie erleben Sie Ihre Atmung? Wo spüren Sie Ihren Atem? Wie fühlen Sie sich in diesen Haltungen? Recken und strecken Sie sich ausgiebig. Nehmen Sie wahr, wo eine Regung zum Strecken und Räkeln spürbar ist und folgen Sie dem Impuls.
Frauen neigen eher als Männer dazu, diese Haltungen einzunehmen.

2 Weitsitz

Probieren Sie eine weitere Sitzhaltung aus.
Sie sitzen noch auf einem Stuhl? Stellen Sie die Füße etwas mehr als hüftbreit auseinander. Mit den Unterarmen stützen Sie sich knienah auf den Oberschenkeln ab. Der Oberkörper wird in den Schultern gehalten und sackt nicht zwischen ihnen ab. Experimentieren Sie mit der Haltung des Kopfes: Legen Sie ihn in den Nacken, halten ihn in Verlängerung der Wirbelsäule oder lassen Sie ihn etwas hängen. Wie empfinden Sie die Haltungen? Wie nehmen Sie ihre Atmung war? Wo spüren Sie den Atem?
Sie haben jetzt die Droschkenkutscherhaltung eingenommen, die für die Bandscheiben und die Rückenmuskulatur entlastend ist.
Verändern Sie nun Ihre Position, indem Sie sich zurücklehnen und einen Arm über die Lehne legen. Auf einer Bank könnte der Arm auch lang auf die Lehne gelegt werden. Die Füße bleiben breit stehen, die Knie fallen leicht nach außen. Lassen Sie für einen Moment diese Haltung auf sich wirken. Dann legen Sie das rechte Fußgelenk auf den linken Oberschenkel und lassen das rechte Knie so weit nach außen sinken, wie es sich für Sie angenehm anfühlt. Wie spüren Sie sich in dieser Haltung? Probieren Sie auch, das linke Fußgelenk hochzulegen. Gibt es Unterschiede zwischen der linken und der rechten Seite? Wie nehmen Sie sich in diesen Haltungen wahr?
Männer neigen eher als Frauen dazu, diese Haltungen einzunehmen.

3 Wohlfühlsitz

Vielleicht mögen Sie zum Schluss die Sitzhaltung einnehmen, in der Sie sich im Moment am wohlsten fühlen würden. Spiegelt diese Haltung Ihre jetzige Stimmung? Wenn nicht, ändern Sie sie.
Sie entscheiden, welche Sitzhaltung für Sie stimmig ist! Und Ihr Entscheidungsspielraum vergrößert sich mit jeder Sitzposition, die Ihnen vertraut ist und über die Sie verfügen können – jenseits der klischeehaften Vorstellungen von weiblich und männlich.
Häufig unterstützt die Kleidung von Frauen deren enge Sitzhaltungen. Mit Absicht?! ❮

Raum und Macht
Allgemein kann gesagt werden, dass Frauen und Männer unterschiedlich viel Raum in ihren Sitzhaltungen einnehmen und beanspruchen. Hieraus folgt in westlichen Gesellschaften eine Bewertung. Raumeinnehmende Sitzhaltungen werden in diesem Kulturkreis häufig mit Souveränität und Entspanntheit gleichgesetzt. Je lockerer und entspannter eine Sitzhaltung wirkt, desto höher ist die relative Stellung der Person, die sie einnimmt.
Frauen passiert es leichter, dass dasselbe Verhalten als sexuell einladende Geste gewertet wird oder die Frauen schlicht als schlecht erzogen gelten. Selten kommt der Gedanke auf, auch Frauen demonstrieren Selbstbewusstsein und Macht durch bequemes Sitzen.

Die Vor- und Nachteile des Sitzens

Zwischen Bewegung und Entspannung

So sehr über die beeinträchtigenden Folgen von langem Sitzen gesprochen wird, es gibt auch positive Seiten.

Sitzen kann als Übergangstätigkeit angesehen werden: Es hat nicht den aktiven Charakter des Stehens und Gehens und nicht die Passivität des Ausruhens, die das Liegen ausmacht. So ist nach körperlicher Beanspruchung Erholung möglich. Zudem bieten drei Kontakte mit dem Boden, gemeint sind die Füße und das Gesäß, eine stabilere Basis als die zwei Bodenkontakte im Stehen und Gehen.
Hinzu kommt, dass die Beanspruchung der Muskulatur im Sitzen geringer ist und damit auch der Energieverbrauch. Unter der Voraussetzung, dass eine körpergerechte Haltung eingenommen wird, können die Lendenwirbelsäule, die Hüftgelenke und die Beine Entlastung erfahren. Als letztes kann eine grundsätzliche Verbesserung der Rumpfstabilität genannt werden.

In dieser Kultur zur dominanten Alltagshaltung entwickelt, überwiegen meistens die Nachteile als Folge von stundenlangem Sitzen.

Vor Tausenden von Jahren war es für das menschliche Überleben wichtig, dass der Organismus für Bewegung angelegt war. In einer hochindustrialisierten Welt ist Bewegung für die Existenzsicherung immer weniger wichtig. Dummerweise könnte man fast meinen, der Körper habe sich immer noch nicht darauf eingestellt: Er braucht nach wie vor Bewegung.

Auch ausgefeilte Bürosysteme tragen dieser Tatsache nicht Rechnung. Zudem sind viele sitzende Arbeitsplätze nicht ergonomisch eingerichtet. Chronische Beschwerden treten besonders in der Lendenwirbelsäule und in der oberen Brust- und Halswirbelsäule auf. Rücken, Nacken und Kopfschmerzen sind häufig die Folge.

Einseitige und statische Belastung beeinträchtigt den Stoffwechsel und die Funktionsfähigkeit von Bandscheiben und Muskulatur. Bewegungsmangel verringert den Stoffwechsel und fördert Müdigkeit und Konzentrationsschwäche, wo Wachheit bei der Arbeit gefordert ist. Der Rückfluss des venösen Blutes ist durch mangelnde Bewegung und verengte Venen, z. B. durch übergeschlagene Beine behindert und belastet die Blutgefäße; Krampfadern können sich bilden. Ein runder Rücken belastet nicht nur das Skelett und die Muskulatur. Er engt auch die Verdauungs- und Atmungsorgane ein und behindert so ihre Funktionen. Und schließlich führt langes Sitzen leicht zu schmerzhaften Verspannungen in Nacken und Schultergürtel. Das mag zum einen an der starken Beanspruchung der Muskulatur liegen. Aber was ist damit, wenn einem die Zeit, eine Angst oder eine vorgesetzte Person im Nacken sitzt? Wenn eine Verantwortung auf Ihren Schultern lastet? Oder Sie das Gefühl haben, eine Situation aussitzen zu müssen?

Gelenk-Übung

Sie können die Gelenke ganz nebenbei mobilisieren. Der Genuss ist sicherlich größer, wenn Sie sich bewusst bewegen, der Alltag fordert manchmal etwas anderes.

- Greifen Sie mit Zehen und Fingern in die Luft, krallen Sie fest mit den Zehen und ballen Sie die Hände zur Faust. Strecken Sie die Zehen und Finger bewusst aus. Schütteln Sie beides nach der Anspannung gut aus.
- Heben Sie im Stehen abwechselnd den linken und den rechten Oberschenkel und lassen den Unterschenkel baumelnd schwingen, ohne die Knie durchzudrücken.
- Beugen Sie ohne Anstrengung abwechselnd die Unterarme: wieder ohne sie durchzudrücken.
- Probieren Sie aus, wie Sie die Oberschenkel in den Hüften bewegen können und welche Bewegungsspielräume die Schultergelenke zur Verfügung stellen.

Eine andere Art von Gesundheit – meditierender Sadhu

Der Osten sitzt anders als der Westen

Dabei geht es nicht darum, die Sitzweisen in richtig oder falsch, in besser oder schlechter einzuteilen. Wesentlicher ist es, einen Einblick in die verschiedenen Traditionen zu erhalten. Situationsabhängig können Sie sich dann für die eine oder andere Sitzform entscheiden.

In östlichen Religionen ist »bloßes« Sitzen auf das Loslassen aller Gedanken und Gefühle gerichtet. Der Oberkörper ruht in sich, der Körperschwerpunkt befindet sich möglichst nahe am Boden, Arme und Beine weisen nach innen. Diese als Ideal angesehene, statisch ausgerichtete Sitzposition soll durch ein erlebtes körperliches Gleichgewicht, ein psychisches Gleichgewicht vermitteln.
Für diesen Weg ist das Erlernen körperlicher Disziplin und Askese unabdingbar. Der Geist steht über dem Körper.

Anders ist es bei Bildungs- und Gesundheitsangeboten, die in der westlichen Tradition stehen.
Dort sind Erfahrungen mit dem Sitzen daran gekoppelt, Angebote zu machen, die die Selbstwahrnehmung fördern. Die Ausrichtung ist dynamisch. Weniger Disziplin als die Bereitschaft, sich mit sich selbst zu beschäftigen, fördern diese Art der Erforschung. Lust, Neugierde und die eigene Erlaubnis zum Ausprobieren stehen im Vordergrund. Derartiges Ausprobieren kann von Fragen begleitet werden: Wie spüren Sie den Kontakt zum Boden? Ihre Atmung? Wie erleben Sie sich in einer Sitzhaltung? Möchten Sie sie verändern? Welche Sitzhaltungen nehmen Sie in verschiedenen Situationen ein?

Schulter-Übung

▶ Das Schultergelenk wird hauptsächlich durch Muskeln geführt. Der Vorteil ist seine große Beweglichkeit, der Nachteil sind seine spürbaren und oft schmerzhaften Muskelverspannungen.
Es gibt eine Übung, die den Schultergürtel mobilisiert und gleichzeitig eine Herausforderung an Ihr Koordinationsvermögen sein kann. Die Übung kann im Sitzen und im Stehen ausgeführt werden. Stehend ausgeführt kann es hilfreich sein, das Gesäß anzuspannen, um eine Hohlkreuzbildung zu vermeiden. Legen Sie die linke Hand auf die linke Schulter und die rechte Hand auf die rechte Schulter. Beschreiben Sie mit den Ellenbogen große und kleine Kreise; nach vorne und nach hinten. Führen Sie die Kreise gegengleich aus; ein Ellenbogen kreist vorwärts, einer rückwärts und schließlich anders herum. Die Schultermuskulatur wird es Ihnen danken und es kann sogar Spaß machen, wenn man den Bogen erst einmal raus hat.

Ü Wege zum körpergerechten Sitzen

1 Zusammenhänge ersitzen

› Recken und strecken Sie sich ausgiebig. Spüren Sie in sich hinein, wo und wie sich der Körper strecken möchte. Geben Sie den Streckimpulsen nach.

Um mit diesen Zusammenhängen gut experimentieren zu können, setzen Sie sich auf den vorderen Teil eines Stuhls. Die Beweglichkeit der Hüftgelenke wird auf diese Weise nicht blockiert, so dass Bewegung leichter fällt. Die Füße können bequem auf den Boden aufsetzen.
Aufrichtung findet von unten statt. Aus diesem Grund nützt auch die Aufforderung nichts, sich gerade hinzusetzen, wenn nur die Schultern zurückgezogen werden, das Sitzen aber nicht von den Füßen ausgeht.

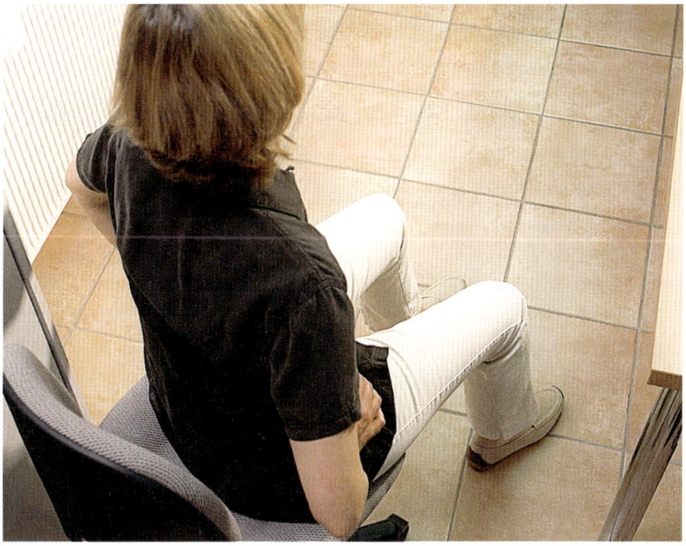

Oberschenkel, Unterschenkel und Füße bilden eine Linie: Es entsteht ein stabiles Dreieck aus Füßen und Sitzbeinhöckern

Stellen Sie also die Füße, leicht nach außen gestellt, etwas mehr als hüftbreit auf. Kontrollieren Sie noch einmal: Stehen Sie wirklich etwas mehr als hüftbreit? Nicht enger und nicht viel breiter? Manchmal ist es nicht so einfach, ein Gespür für die eigene Hüftbreite zu haben. Die Knie sollten nicht höher als die Hüfte stehen, um den Bandapparat so gering wie möglich zu belasten. Der Winkel in den Kniekehlen beträgt jetzt mindestens 90° und sollte bei längerem Sitzen noch etwas größer sein. Oberschenkel, Unterschenkel und Füße stehen in einer Linie. Als stabile Basis entsteht auf diese Weise ein Dreieck aus Füßen und Sitzbeinhöckern.

Der Kontakt der Füße zum Boden und die Stellung des Beckens sind entscheidende Merkmale für eine aufgerichtete Haltung. Fassen Sie rechts und links Ihren Beckenkamm und stellen Sie sich das Becken als eine Wasserschale vor. Kippen Sie das Becken als Wasserschale nach vorne, so dass Wasser herausfließen kann. Nehmen Sie wahr, wie die Wirbelsäule ein Hohlkreuz bildet? Vielleicht schiebt auch das Kinn nach hinten? Kippen Sie nun das Becken so weit wie es Ihnen möglich ist nach hinten. Das Wasser kann nicht mehr nach vorne abfließen und sammelt sich nun auf der anderen Seite der Beckenschale. Aus dem Hohlkreuz wird ein runder Rücken. Vielleicht nickt das Kinn in Richtung Brustbein oder schiebt sich nach vorne. Sie sind bei dieser Bewegung über die Sitzbeinhöcker gerollt. Auf ihnen richtet sich der Oberkörper auf. Wiederholen Sie die Bewegung, um ein Gespür für diese Knochen zu entwickeln. Rollen Sie langsam über die Sitzbeinhöcker nach vorne und nach hinten. Sie werden merken, dass sich der Druck auf die Gesäßmuskulatur erhöht, je senkrechter die Sitzbeine stehen. Der Druck lässt nach, wenn Sie nach vorne oder nach hinten abrollen.

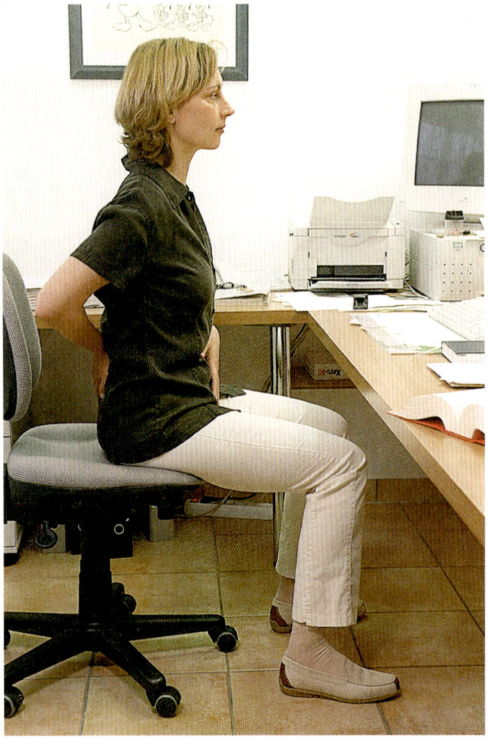

Durch Berührung die Stellung des Beckens nachvollziehen

Es gibt eine weitere Hilfe, um die Stellungen des Beckens nachvollziehen zu können. Legen Sie eine Hand auf das Schambein und die andere an das Kreuzbein. Das Kreuzbein ist die knöcherne Platte unter der Lendenwirbelsäule Die Veränderungen, die die Wirbelsäule bewirkt, können Sie gut spüren, wenn Sie die Hände etwas höher legen: vorne also an den Bauch und hinten an die Lendenwirbelsäule. Nehmen Sie mit den Haltungsänderungen auch die Veränderungen Ihrer Atmung wahr!
Bleiben Sie langsam und rollen Sie noch einige Male über die Sitzbeinhöcker. Enden Sie in einer Position, in der Sie sich am meisten aufgerichtet fühlen.

Bei Ihrem bisherigen Experimentieren haben Sie mit der Stellung des Beckens auch die Stellung der Wirbelsäule verändert. Was passiert, wenn Sie langsam das Gewicht des Oberkörpers verlagern: nach vorne, nach hinten, zur linken und zur rechten Seite? Wo nehmen Sie Anspannung in den Beinen, im Rücken und im Bauch wahr? Wie reagiert die Atmung auf die Gewichtsverlagerung?
Beenden Sie auch diese Erprobung in einer Haltung, in der Sie sich am meisten aufgerichtet fühlen und Ihnen das Spannungsgefühl von Rücken- und Bauchmuskulatur ausgeglichen erscheint.

2 Wechselseitiges Sitzbein-Sitzen

Von den Sitzbeinen steigen aufrichtende Impulse in den Körper auf. Haben Sie einmal ein Gespür für diese Aufrichtung erfahren, können Sie im Alltag immer wieder auf diese Erfahrung zurückgreifen.
Sie sitzen wieder auf dem vorderen Drittel eines Stuhls. Die Füße sind leicht nach außen gedreht und etwas mehr als hüftbreit aufgestellt. Sie bilden wieder eine Linie mit Unter- und Oberschenkel.
Setzen Sie sich zunächst mit dem linken Sitzbein auf die linke Hand. Die Handfläche zeigt nach oben. Verweilen Sie ein bis zwei Minuten in der Handschale.

Der Druck des Sitzbeins in der Hand kann etwas schmerzhaft sein, ist aber grundsätzlich unbedenklich. Wenn es Ihnen möglich ist, rutschen Sie mit dem Sitzbein in der Handschale leicht hin und her. Die Durchblutung rund um das Sitzbein wird angeregt. Anspannung kann sich auf diese Weise lösen. Auch ist Ihre Wahrnehmung für diese Dauer auf das Sitzbein gerichtet, auf einen Teil des Körpers, dem sonst wenig Aufmerksamkeit gewidmet wird.
Ziehen Sie die Hand langsam gegen das Gewicht des Körpers unter dem Sitzbein vor. Der Körper, aus seinem gewohnten Sitzgleichgewicht gebracht, muss sich nun neu organisieren.
Vielleicht gönnen Sie sich noch einen Moment des Nachspürens: Wie nehmen Sie das linke Sitzbein, das linke Becken wahr? Wie das rechte Sitzbein und das rechte Becken? Gibt es Unterschiede? Wie erleben Sie vom linken Sitzbein ausgehend, das linke Bein, den linken Fuß, seine Verbindung mit dem Boden? Wie erleben Sie vom linken Sitzbein ausgehend den linken Rücken, die linke Schulter, den Arm?

Wie trägt der Hals den Kopf? Gibt es Unterschiede zwischen der linken und der rechten Körperseite?
Gehen Sie langsam ein paar Schritte, wenn Sie Ihre Wahrnehmung noch intensivieren wollen. Wie wirkt die Übung im Gehen weiter? Üben Sie anschließend mit der rechten Seite.

Auch für diese Übungsreihe gilt: Ihre Neugier und Ihr Wohlgefühl bestimmen, was und wie viel Sie machen. Vieles ist möglich: in Ruhe zu Hause, kleine Teile in der Mittagspause, die Hand für ein paar Momente unter das Gesäß geschoben, …

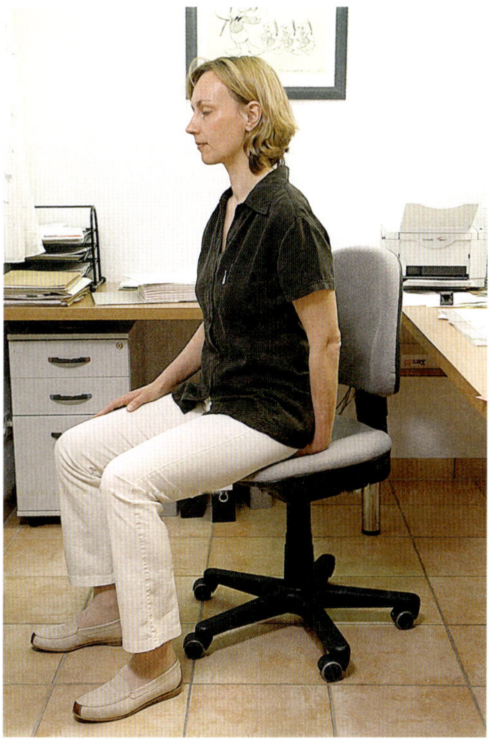

Eine ungewohnte Sitzhaltung, die das Sitzempfinden verändern kann

3 Im Lot sitzen

Ein Lot ist ein Seil, an dem ein Gewicht befestigt ist, so dass das Seil senkrecht herunterhängt. Andere Begriffe für »im Lot sein« sind ordentlich, ordnungsgemäß, übersichtlich, geregelt und ausgerichtet. Wollen Sie einmal herausfinden, ob eine Person im Lot sitzt? Halten Sie einen ausreichend langen Faden in Kopfhöhe an die Seite dieser Person. Das Ohr und jeweils der höchste Punkt von Schulter und Becken sollten sich dann auf einer Linie befinden …

Auf welche Weise ist der Körper geordnet, wenn er sich im Lot befindet oder die Körperzahnräder körpergerecht zueinander stehen? Sie sitzen auf dem vorderen Teil eines Stuhls. Die Füße haben mit den ganzen Sohlen Kontakt zum Boden. Sie stehen etwa hüftbreit auseinander und Füße, Unter- und Oberschenkel bilden eine Linie. Der Winkel in den Kniekehlen beträgt mindestens 90°. Das Becken ist leicht nach vorne gekippt, d. h. dass Sie auf Ihren Sitzbeinen etwas über den stärksten Druckpunkt hinaus nach vorne gerollt sind. Der Brustkorb ist aufgerichtet und leicht angehoben. Vielleicht wie eine leicht vor Stolz geschwellte Brust? Lassen Sie die Schultern los und die Arme hängen. Dabei sacken die Schultern nicht nach vorne und werden auch nicht nach hinten gezogen, sondern verweilen in einer Mittelstellung. Strecken Sie den Hals als ob ein Faden Sie am Scheitel vorsichtig nach oben zieht. Das Kinn ist dabei wie zu einem leichten Doppelkinn herangezogen.
Wie erleben Sie sich in dieser Haltung? Wie spüren Sie die Atmung? Wie fühlen Sie sich aufgerichtet?

Was passiert, wenn der Körper »richtig« sitzt, Sie sich aber stimmungsmäßig nicht im Lot fühlen?
Es könnte sein, dass ein Empfinden entsteht, als ob Sie hingesetzt wären. Es könnte sein, dass Sie den Atem anhalten, um den vielen Kriterien zu entsprechen. Das wäre kein Wunder, wenn Sie bedenken, dass auch Sitzen ein ganzheitliches Geschehen ist. Die innere Haltung sucht sich ihre Wege zu der äußeren Haltung. Das ist zum einen eine Haltung, die lebensgeschichtlich bedingt ist und zum anderen von der Tagesform abhängt.
Das spricht nicht gegen die vielen Kriterien des »richtigen« Sitzens. Die Auflistung der Einzelheiten könnte vielmehr eine Aufforderung darstellen, wie mit ihnen umgegangen werden kann: sie ignorieren, weil zu anstrengend?

Bürostuhl: hergestellt für die optimale Anpas-sung zwischen Stuhl und Körper

Sie genau ausführen, weil sie »richtig« sind? Um sie wissen und ausprobiert haben? Sich im Alltag an sie erinnern und den Sitz entsprechend verändern? Vielleicht haben Sie beim Ausprobieren gemerkt, dass Sie einzelne Aspekte völlig anders machen: Die Schultern hängen lassen, das Kinn nach vorne schieben oder nicht beide Füße fest auf den Boden stellen. Vielleicht wollen Sie anfangen, diese scheinbar kleinen Dinge zu verändern. Sie entscheiden! ❮

Sitzen als Tätigkeit

Im Lot sitzend haben Sie eine körperökonomische Haltung eingenommen. Gelenke, Muskulatur, Bänder und Sehnen sind wenig belastet. Vielleicht erleben Sie diese Haltung als ungewohnt und anstrengend. Kleinkinder üben beständig ein halbes Jahr, bis sie sitzen können. Auch wenn Sie viele Stunden des Alltags im Sitzen verbringen, kann es sein, dass Sie das Sitzen als Tätigkeit lange nicht bewusst wahrgenommen haben. Nehmen Sie das Sitzen als Tätigkeit ernst, bekommen Sie vielleicht das Gefühl, es wie ein kleines Kind erneut zu lernen.

Sitzball: hergestellt für dynamische und vielfältige Sitzweisen

Zusammenspiel: Knochen und Muskeln

Beugen Sie den Oberkörper im Sitzen einmal nach vorne, hinten, zur Seite. Spüren Sie, wie viel Energie Sie aufwenden müssen, um sein Gewicht zu halten?

Abhängig von Ihrem Trainingszustand ermüdet die Muskulatur unterschiedlich schnell. Ein wesentliches Prinzip wird deutlich: Knochen sind eher hart und stark. Sie haben kein Empfinden für Gewicht. Muskeln sind eher weich, schwach und verletzlich. Sie empfinden Gewicht als Spannung. Sie verkürzen sich gegen die Kraft des Gewichtes, um es zu halten und zu bewegen. Über die Funktion der Muskeln wird das Skelett derart organisiert, dass es das Körpergewicht tragen und an Unterstützungsflächen abgeben kann. Je mehr Muskel- und Skelettstrukturen zusammenarbeiten, desto weniger Haltearbeit muss die Muskulatur leisten: Die Spannung verringert sich.

Bewusst atmen

Stockt Ihnen immer mal wieder der Atem, weil Sie sich auf die Übung konzentrieren? Das kann leicht passieren. Häufig scheint es ein inneres angelerntes Programm zu geben, das Luft anhalten mit Spannung halten und Leistungsbereitschaft gleichsetzt.

Es kann im Alltag hilfreich sein, von diesem Phänomen zu wissen, bewusst auszuatmen und weiter zu atmen. Ausatmen entspannt den Organismus und aufmerksame Entspannung fördert die Konzentration.

Auch die Bandscheibe lebt von der Bewegung

Belastung der Bandscheiben, Hexenschuss und Bandscheibenvorfall sind immer wieder Stichworte, die einen aufhorchen lassen.

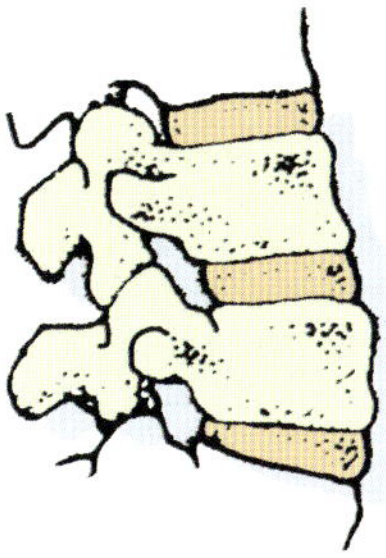

Zwischen je zwei Wirbelkörpern liegt eine Bandscheibe

Welche Aufgaben übernimmt eine Bandscheibe?

Zunächst zu ihren Aufgaben. Dreiundzwanzig Bandscheiben sorgen als Puffer dafür, Stöße und Belastungen abzufedern und zu dämpfen. Dabei wird nicht nur der Oberkörper mit den Organen weniger erschüttert. Auch das Gehirn wird geschützt, das gewissermaßen auf der Wirbelsäule thront. Zwischen je zwei Wirbelkörpern liegt eine Bandscheibe.
Nur am Übergang von Wirbelsäule und Schädel sowie zwischen den ersten beiden Halswirbeln sorgen gelenkige Verbindungen für eine genauere Beweglichkeit, als sie mit Bandscheiben möglich wäre.

Als Puffer müssen Bandscheiben elastisch sein. 0In Verbindung mit Muskulatur und Bändern ermöglicht diese Elastizität die Beweglichkeit der Wirbelsäule. Ist der Bewegungsspielraum zwischen zwei Wirbelkörpern noch relativ gering, so ergibt die Summe der Bewegungsspielräume einen großen Bewegungsumfang.
Mehr dazu auf den Seiten 38, 76 und 77.

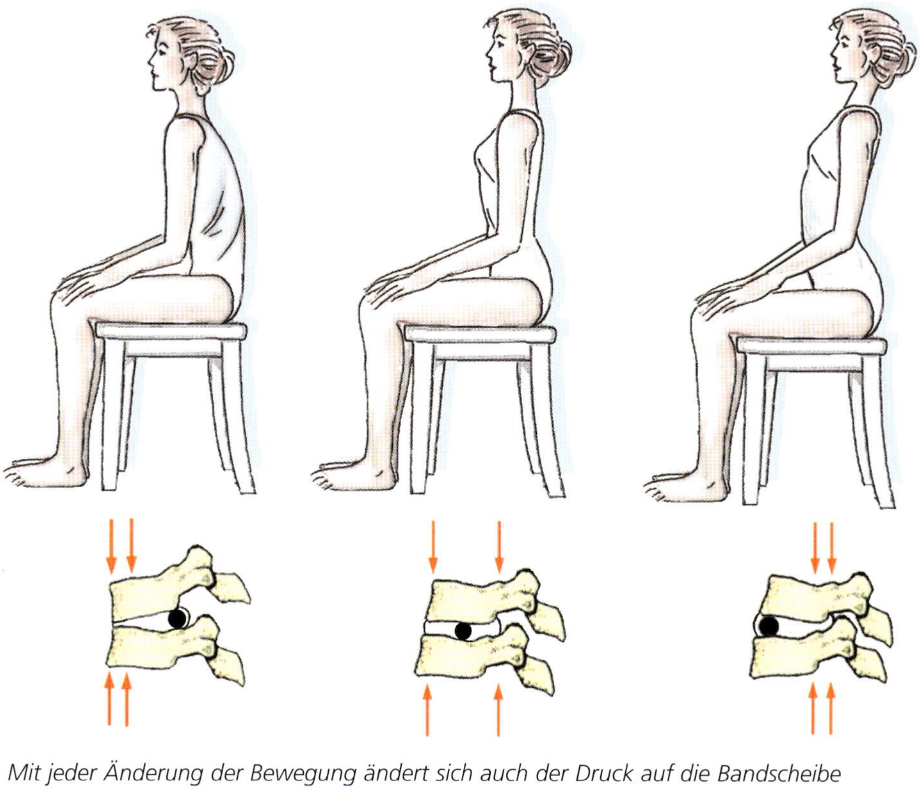

Mit jeder Änderung der Bewegung ändert sich auch der Druck auf die Bandscheibe

Wie funktioniert eine Bandscheibe?

Elastische, ringförmige Faserstrukturen umschließen einen festen Gallertkern. Bei Bewegungen des Oberkörpers wirken die Gallertkerne wie Wasserkissen. Durch die Elastizität der Faserringe verschieben sie sich ausgleichend in Richtung des schwächeren Drucks. Beugt sich der Oberkörper nach vorne, werden auch die Faserringe nach vorne zusammengedrückt. Die Gallertkerne rutschen in der Bandscheibe nach hinten. Dabei kann ein Druck von über 400 kg auf die Kerne einwirken.
Die Elastizität der Faserringe wird durch einen funktionierenden Stoffwechsel der Bandscheiben gewährleistet. Ungefähr bis zum vierten Lebensjahr übernehmen Blutgefäße diese Aufgabe. Der Stoffwechsel erfolgt danach über Diffusion. Vorstellbar als ein Schwamm saugt sich die Bandscheibe bei Entlastung mit der sie umgebenden Gewebeflüssigkeit und den darin enthaltenen Salzen voll. Wird der Schwamm bei Belastung zusammengedrückt, pressen die Schlackenstoffe heraus. Ein beständiger Wechsel von Be- und Entlastung stellt also die Voraussetzung für den Stoffwechsel der Bandscheibe dar. Das für die Pufferung wichtige Wasser wird in großen Eiweißmolekülen gelagert. Deren Speicherfähigkeit lässt ab etwa dem 30. Lebensjahr nach: Die Erholung dauert länger. Über den Tag ist die Belastung wesentlich größer als die Entlastung. Aus diesem Grund können Menschen abends auch ein bis zwei Zentimeter kleiner sein als morgens. Nach sieben Stunden erholsamen Schlafs wurden bis zu 150% mehr Flüssigkeit in der Bandscheibe gemessen.

Was lässt eine Bandscheibe vorfallen?

Mangelnde Bewegung und anhaltende Fehlbelastung der Wirbelsäule, die häufig mit Stress verbunden sind, schränken den Stoffwechsel in den Bandscheiben erheblich ein und führen dazu, dass die Faserringe brüchig und spröde werden. In fortgeschrittenem Stadium wölbt sich der sehr feste Gallertkern nach hinten oder nach seitlich hinten vor.
Beim Hexenschuss mit plötzlich auftretenden Kreuzschmerzen wird der Gallertkern entweder innerhalb der Bandscheibe verschoben oder nach hinten gegen ein sehr schmerzempfindliches Band gedrückt. Wölbt der Gallertkern nach hinten seitlich vor, drückt er auf Nervenwurzeln, die aus den Wirbelzwischenlöchern treten. Geschieht dies im Bereich der Lendenwirbelsäule, wird der Ischiasnerv gequetscht. Die Schmerzen strahlen unterschiedlich weit in das Bein und sogar bis in den Fuß aus. Bei einem Bandscheibenvorfall zerreißt ein Faserring ganz.

Bandscheiben bewegen!

Sie können den Bandscheiben der Lendenwirbelsäule auch im Sitzen Bewegung verschaffen.

- Verlagern Sie abwechselnd das Gewicht auf das linke und das rechte Sitzbein. Lenken Sie ausatmend die Aufmerksamkeit auf den Druck Ihres Gewichts auf die Sitzbeine. Nutzen Sie den Druck auf die Sitzbeine, um die jeweils andere Gesäßhälfte so weit wie möglich zu entlasten. Hebt sie ganz von der Sitzfläche ab?
- Kreisen Sie das Becken in größeren und kleineren Bewegungen. Ändern Sie die Richtung. Lassen Sie die Bewegung langsam ausklingen. Wie nehmen Sie das Becken, das linke Hüftgelenk wahr? Das rechte? Wie empfinden Sie die Beweglichkeit der Beine in den Hüftgelenken? Wie wirken die Bewegungen auf den unteren und oberen Rücken weiter?

Richtig? Falsch?

Ein hoher Druck in den Bandscheiben ist nicht gleichzusetzen mit schädlich. Eine trainierte Muskulatur verringert die Belastung der Wirbelsäule. Neueste Untersuchungen kommen zu dem Ergebnis, dass die häufig hartnäckig vertretenen Standpunkte von »richtiger« und »falscher« Haltung kaum noch aufrecht zu erhalten sind. Bei der Testperson wurden immer dann die geringsten Drücke in den Bandscheiben gemessen, wenn sie sich in ihrer Lage wohl fühlte – egal, ob stehend, sitzend oder liegend.

Sinnliche Rückseite

Nicht ohne Spiegel zu erkennen:
Die eigene Rückseite
Die Kehrseite
Das was man hinter sich gelassen hat
Wie einen Schatten
Dem man den Rücken zugedreht hat
Der schwarze Fleck der Wahrnehmung?

Scheinbar paradox: Das Hinunter provoziert das Hinauf

Ü Sinken, um das »Hinauf« entstehen zu lassen

› 1 Hängen lassen

»Sich hängen lassen« ... Kennen Sie den Wunsch, genau das in einer Situation von Anspannung und Anstrengung tun zu wollen? Kennen Sie auch die Vorstellung: »Wenn ich das jetzt tue, komme ich nicht wieder hoch«? Stimmt nicht! Solange Sie einen Impuls zum Leben in sich tragen, verfügen Sie auch über den Impuls zur Aufrichtung. Merken Sie manchmal, dass Ihre Schultern, Ihr Oberkörper nach vorne sacken? Der Rücken schmerzt? Kostet es Sie manchmal Disziplin, sich wieder aufzurichten, um kurz darauf wieder nach vorne zu kippen? Gestatten Sie sich, sich einmal hängen zu lassen.

Lassen Sie Kopf, Schultern, Oberkörper nach unten sinken. Lassen Sie sich nach unten sinken; im Stehen oder im Sitzen.

Nehmen Sie wahr, wohin der Körper will oder besser, wohin Sie in Ihrem Körper wollen, wenn Sie sich nicht am Sinken hindern. Auch die Augen brauchen keinen Punkt zu fixieren, brauchen nicht fest zu halten. Schweifen lassen, schließen?
Lassen Sie die Schultern rund werden, wenn diese es wollen. Lassen Sie den Brustkorb sinken, den Rücken beugen. Wenn Sie stehen, beugen Sie sich großzügig in den Knien. Sie lösen sich leichter aus der beständigen Aufforderung nach Aufrichtung. Erlauben Sie sich, mit so vielen Fasern, Knochen und Muskeln wie Sie wollen, zum Boden zu sinken. Halten Sie gerade die Atmung an? Atmen Sie bewusst aus. Sie entlassen damit Spannung aus dem Körper.
Wo gestatten Sie sich im Rücken Dehnung? Wo stoppt die Dehnung? Das Ziel ist nicht, sich möglichst tief zu beugen. Das Ziel ist vielmehr, den Körper sich dahin bewegen zu lassen, wohin er will und sich bequem in diesen Haltungen einzurichten. Es gibt keine Vorgabe für die richtige Haltung. Sie kann symmetrisch oder auch nicht symmetrisch sein. Es gibt auch keine Vorgabe über die richtige Zeit. Gestatten Sie sich, Ihren Zeitimpulsen zu folgen.

2 Aufrichten entstehen lassen

Was wäre, wenn Sie jemand in dieser gebeugten Stellung sehen würde? Gönnen Sie sich einen Gedanken daran und probieren Sie, solange Sie sich in den Positionen wohl fühlen und der Körper will. Wenn Sie sich in den Stellungen wohlfühlen, kommt vielleicht der Gedanke auf, dass Sie ohne eine willentliche Entscheidung nicht wieder nach oben kommen. Sie werden überrascht sein. Der Moment, an dem Sie nicht länger gebeugt sein wollen, kommt tatsächlich ganz von alleine: Machen Sie diesen Moment wichtig! Es ist der Moment, der Ihnen mitteilen kann, dass Sie Aufrichtung und Streckung wollen. Nicht, weil es von Ihnen zur Bewältigung des Alltags erwartet wird, sondern weil es einen Drang danach gibt.
Der Körper will, nicht eine äußere Disziplin. Vollziehen Sie die Bewegung nach oben so wie nach unten: In den Haltungen und in der Zeit, in der der Körper will. Dabei ist Wohlfühlen das

wichtigste Kriterium. Lassen Sie sich in Ihrem Oberkörper, in Ihrem Rücken bewegen. Versuchen Sie einmal nicht vorzugeben, wo der Körper hin soll und welche Haltung er einnehmen soll, nur weil Sie es gerade richtig finden. In der Bewegung oben angekommen: Wie nehmen Sie sich in Ihrer Aufrichtung, mit Ihrer Rückseite, wahr? In Ihrer Anstrengung oder Leichtigkeit? Gehen Sie nachspürend durch den Raum, wenn Sie neugierig darauf sind, wie die Übung in Bewegung weiterwirkt. Welche Körperhaltung hält Ihre momentane Stimmung für Sie bereit?

3 Auf- und Abwiegen

Wenn es Ihnen gefällt, nehmen Sie das Bild von sanft und passiv sich bewegendem Seegras in Ihre Bewegung auf. Sanfte und erfrischende Brisen wiegen Sie ab und auf. Sie können dieses Wiegen auch als innere Bewegung in sich aufnehmen, als Tanz, der Sie wieder an Stellen in Ihrem Körper und Rücken führt, die Sie aus Ihrem Bewusstsein gestrichen hatten.

In der Hocke: ganz nah bei sich

Wenn Sie sich in dieser Bewegung wohl fühlen, werden Sie in der Wiederholung immer mehr Aufmerksamkeit für Feinheiten der An- und Entspannung, der Dehnung und des Los-lassens, des Festhaltens erfahren. Sie können erleben, dass sich diese Aspekte situationsabhängig verschieden gestalten.

Sind Sie auf dem Weg hinunter in der Hocke vorbei gekommen? Weil Sie in der Hocke so dicht bei sich sind, bietet die Hocke vielfältige Erfahrungen. Mit einer Rolle unter den Fersen können Sie sich den Aufenthalt dort unten entspannter einrichten.
Kopf und Schultern sinken lassend, machen Sie sich klein und rund.

Wie nehmen Sie in dieser Haltung Ihre Atmung wahr? Nach vorne durch die Oberschenkel begrenzt, sucht Sie sich nach hinten und unten Räume. Wo spüren Sie Atmung? Wie tief ins Becken hinein sucht sie ihren Raum? Wo fühlen Sie den Rücken beatmet? Wie erleben Sie dessen Ausweitung in den Raum hinein? ❮

Schmerz – woher?

Geht es Ihnen auch so, dass Sie den Rücken erst wahrnehmen, wenn er sich schmerzhaft meldet?
Von Rückenschmerzen geplagt werden Büroangestellte und Arbeiter, Menschen, die im Freien und Menschen, die in Gebäuden arbeiten. Die Ausbildung und das Alter spielen immer weniger eine Rolle. Über-, unter- und sogenannte normalgewichtige Personen erwischt es. Menschen, die sich viel bücken müssen und diejenigen, die das Bücken vermeiden, kennen Rückenschmerzen. Hatten früher mehr Männer einen Bandscheibenvorfall, so gleichen sich heute die Zahlen immer mehr an. Schmerzt der Rücken, weil nicht hart und konsequent genug trainiert wurde?
Managerinnen führen ihre Rückenschmerzen auf vieles Sitzen zurück. Verkäufer sehen die Ursache im vielen Laufen und Vertreter, die viel stehen, erkennen das Stehen als Grund.
Es gibt Menschen, die all dies tun und keine Schmerzen haben.

Was es über den Rücken zu wissen gibt

Die Wirbelsäule

24 Wirbel stellen grundsätzlich für jeden Menschen die Möglichkeit einer wirbelnden Säule dar. Sie besteht aus sieben Hals-, zwölf Brust- und funf Lendenwirbeln. Weiter nach unten schließt das Kreuzbein an. Es besteht aus fünf Wirbeln, die zu einer kräftigen, dreieckigen Knochenplatte zusammengewachsen sind und den Kontakt zum Becken herstellen. Die lateinische Bezeichnung »Os sacrum« bedeutet übersetzt »heiliger Knochen«. Vielleicht weil sich vor dem »Kreuz«-Bein das Zentrum der Energie befindet?

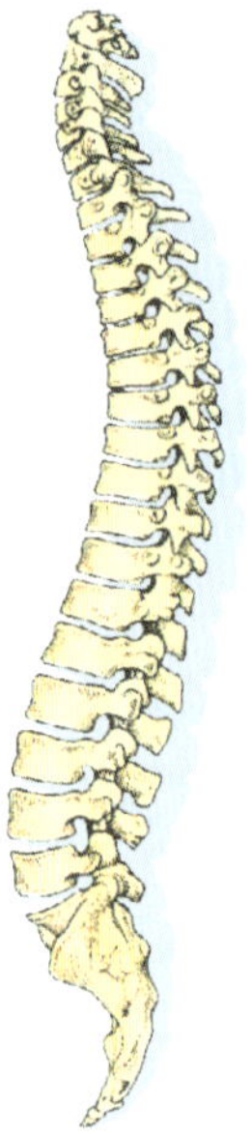

Die Wirbelsäule in ihrer charakteristischen Doppel-S-Form von der Seite gesehen

Den Abschluss der Wirbelsäule bildet das Steißbein mit vier bis fünf im Laufe der Stammesentwicklung verkümmerten und ganz oder teilweise verschmolzenen Wirbeln.

In Hals und Lende in der sogenannten Lordose nach vorne gebogen und im Brust- wie auch im Kreuzbein in einer Kyphose nach hinten gewölbt: diese charakteristischen Krümmungen machen die Wirbelsäule gegen Stauchungen zehnmal widerstandsfähiger als einen Stab.

Was die Wirbelsäule alles kann: als zentrales Achsenorgan trägt und balanciert sie auf sehr feine Weise den Schädel, der immerhin fünf bis sieben Kilo wiegen kann. Ihre Elastizität schützt das Gehirn abfedernd vor Stößen und im Rückenmarkskanal liegt geschützt das Rückenmark, ein fest gebündelter Strang aus Nervengewebe. Die Form der Wirbelgelenke und Fortsätze gibt die grundsätzlich möglichen Bewegungsrichtungen vor.
Über die Wirbelsäule als Gleichgewichtsorgan mehr im Kapitel »Bewegte Gleichgewichte«, Seite 38.

Die Wirbel

Die ersten beiden Halswirbel nehmen aufgrund ihrer Beziehung zum Schädel eine besondere Stellung ein. Ansonsten sind alle Wirbel prinzipiell gleich gebaut und werden größer, je weiter sie abwärts liegen. Kein Wunder, wird doch das zu tragende Gewicht immer schwerer.

Wieder die ersten beiden Wirbel ausgenommen, besteht jeder Wirbel aus drei Teilen: Der säulenförmige Wirbelkörper bildet die Hauptmasse des Wirbels und ist insbesondere in seiner Tragfähigkeit gefragt. Nach rückwärts ist der Wirbelbogen ausgebildet, der das etwa fingerdicke Wirbelloch umschließt. Wirbelkörper und -löcher liegen genau übereinander. Aus der Summe der Wirbellöcher ergibt sich der Wirbelkanal, in dem das Rückenmark geschützt gelagert ist.
Knöcherne Fortsätze bilden im hinteren Teil des Wirbels die Grundlage für das Ausmaß der Beweglichkeit der Wirbelsäule. Nach hinten ist dies jeweils ein Dornfortsatz und zu den Seiten je ein Querfortsatz. Sie bieten zudem Ansatzpunkte für Muskeln und Bänder. Die Querfortsätze der Brustwirbel halten Gelenkflächen für die Rippen bereit. Zwei Gelenkfortsätze ober- und unterhalb des Wirbelbogens sorgen für die gelenkige Verbindung zu den Nachbarwirbeln. Das Zwischenwirbelloch zwischen jeweils zwei Wirbeln stellt die Austrittstelle für die Nerven des Rückenmarks dar.

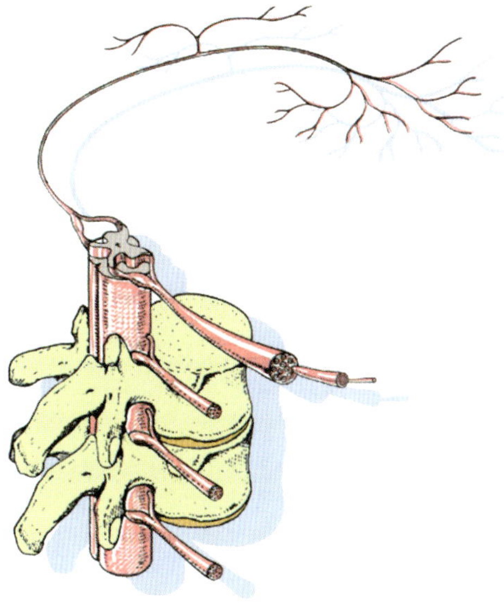

Nervenwurzeln verlassen das Rückenmark durch die Zwischenwirbellöcher

Der zweite Halswirbel heißt Axis, das meint Achsen- oder Drehwirbel. Auf ihm kann sich der Atlas mit dem Kopf drehen.
Zwischen den ersten beiden Halswirbeln existiert keine Bandscheibe. Kleine Gelenkflächen und Bänder sorgen für ein hohes Maß an Beweglichkeit der obersten »Schaltzentrale«. Kleine Quer- und kurze Dornfortsätze machen die Halswirbelsäule zum beweglichsten Abschnitt der Wirbelsäule. Ihr folgt mit der Brustwirbelsäule der unbeweglichste Abschnitt: als Ausgleich? Insbesondere im Beugen und Strekken ist die Lendenwirbelsäule wieder beweglicher. – Doch wie gut, dass es diese Bewegungsgrenzen nach hinten gibt, wo doch die menschlichen Sinne und allen voran die Augen nach vorne ausgerichtet sind.

Über die Bedeutung der Bandscheiben ist bereits im Kapitel »99 Möglichkeiten zu sitzen«, Seite 71, geschrieben worden.

Der erste Halswirbel heißt Atlas; benannt nach dem griechischen Gott Atlas, der nach der Sage die Säulen des Himmelgewölbes trug. Er besitzt keinen Wirbelkörper und besteht eigentlich nur aus zwei starken Seitenbögen, die die Gelenkflächen für den Schädel und den zweiten Halswirbel beherbergen. Zwischen Atlas und Schädelbasis ist eine kleine Nickbewegung möglich.

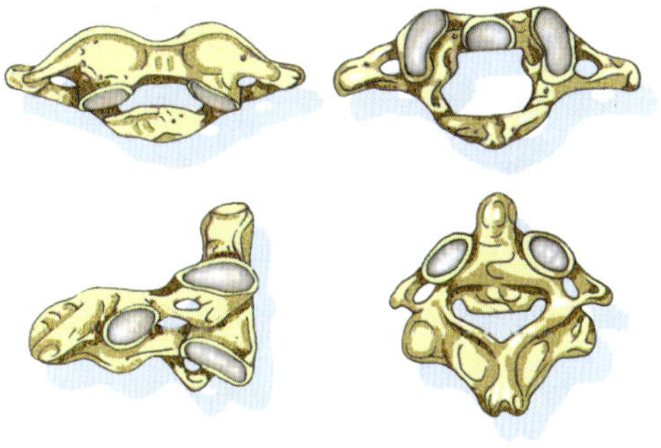

»Atlas« und »Axis«: So kleine Flächen tragen und bewegen den Kopf!

Wie Perlen an der Schnur ...

Wirbel für Wirbel ... Können Sie sich die einzelnen Wirbel als Perlen einer wunderschönen Kette vorstellen?
Nehmen Sie zwei aufgezogene Perlen. Das Ausmaß ihrer möglichen Bewegung ist relativ gering. Bewegen sich vier Perlen mit- und zueinander, ist das Bewegungsspiel schon ein anderes. Stellen Sie sich acht, zwölf, vierundzwanzig kunstvoll aufgezogene Perlen vor. Deren Bewegungen können in kleinen und größeren Wellen fließen, sich in alle Richtungen ausdehnen. Verändert eine Perle ihre Position, folgen die darüber und darunter liegenden Perlen dem Lagewechsel.
Vierundzwanzig Perlen – vierundzwanzig Wirbel: Welch eine Bewegungsvielfalt!

Die Schulter

Sie recken sich nach einer Dose, die ganz oben im Regal steht oder angeln am Autosteuer sitzend nach einer Tasche, die sich auf der Rückbank befindet. Sie sitzen am Schreibtisch und greifen mit der linken Hand etwas, das rechts von Ihnen liegt. All diese Bewegungen sind möglich, weil die Schulter das beweglichste Gelenk des Körpers ist.
Die enorme Beweglichkeit gewährleistet eine Anatomie, die im Körper einzigartig ist. Das Schultergelenk ist zunächst einmal ein Kugelgelenk, das heißt, der Oberarmknochen dreht sich in seiner Pfanne im Schulterblatt. Das besondere daran ist, dass die Pfanne sehr offen und im Verhältnis zum Oberarmknochen sehr klein ist: ein Grund für den großen Bewegungsumfang im Schultergelenk.
Das Schulterblatt ist eine dünne, fast dreieckige Knochenplatte, die sich mit der Bewegung der Arme auf den Rippen verschiebt. Ohne diese Drehfähigkeit wäre der Umfang menschlichen Greifens höchstens halb so groß.
Mit dem »restlichen« Skelett ist das Schulterblatt nur lose über das Schlüsselbein verbunden.
Relativ unflexibel gibt es der Bewegung wie eine Lenkstange Richtung und Orientierung. Das Schultergelenk wird nicht wie die anderen Gelenke vorwiegend über Bänder, sondern über Muskeln gehalten: ein weiterer Grund für den großen Bewegungsumfang und die feine Bewegungsfähigkeit.
In der Literatur ist häufig zu lesen, dass diese Beweglichkeit ihren Preis in einer möglichen Instabilität und hohen Empfindsamkeit hat. Diese Aussage erhält schnell den Beigeschmack von entwicklungsgeschichtlichen Mängeln. Schultergelenke kugeln zum Beispiel aus, wenn Skiläufer oder Hockeyspielerinnen mit Stock und Schläger an einem Hindernis hängen bleiben. Offensichtlich haben sie sich in solch einem Fall zu weit nach außen gewagt. Die Art und Weise, wie Personen in den Schultern verspannt sind, kann ihnen auch Aufschluss darüber geben, wie sie in der Welt handeln.

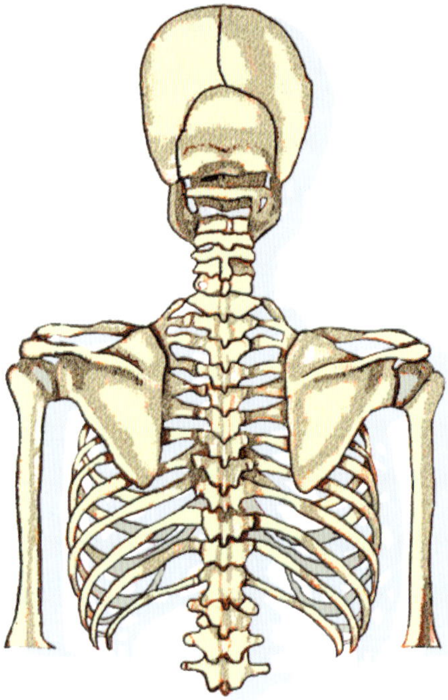

Die Schultern von hinten

Selbstmassage

- Verspannte Muskulatur in Rücken und Schultern sind für viele eine Alltagserscheinung. Eine Massage mit einem Tennisball wirkt entspannend und belebend durch die Anregung der Durchblutung. Großer Vorteil: Sie können Sie alleine praktizieren. Stellen Sie sich hüftbreit mit dem Rücken zur Wand. Legen Sie einen Tennisball zwischen Rücken und Wand und bewegen Sie sich ab und auf, nach links und rechts; dorthin, wo Massage gewünscht ist. Halten Sie dabei nicht die Luft an und atmen Sie bewusst, singend, stöhnend, seufzend, lachend ... aus. Experimentieren Sie mit kleinen kreisenden oder mit großflächigen Bewegungen. Wie ist es, den Druck zu verstärken? Wie, ihn wieder zurückzunehmen?
Gehen Sie immer achtsam mit möglichen Schmerzpunkten um.

Ü Rückseite erfühlen

› Bereiten Sie sich ein wohliges Lager am Boden. Wohlig heißt: schön warm von unten und nicht zugig. Weich genug, um Sie zum Liegen auf der Unterlage einzuladen, aber nicht so weich, dass Sie darin versinken. Für die Augen und das Gemüt ist es wesentlich angenehmer, wenn das Licht gedämpft ist.
Wie gelangen Sie auf den Boden? Es geht auf eine »Irgendwie-Weise«. Sie können sich aber auch ganz bewusst durch die einzelnen Ebenen in die Rückenlage begeben. *Eine intensive Art ist in dem Kapitel »Den Tag beenden«, Seite 114, beschrieben. Eine weitere finden Sie hier.*

1 Ein freundlicher Weg auf den Rücken

Stellen Sie sich auf die vordere Hälfte Ihrer Unterlage. Recken und strecken Sie sich ausgiebig, bevor Sie sich in die Rückenlage begeben: Der Organismus stellt sich auf diese Weise auf die sich verändernde Situation ein. Strecken Sie im körperökonomischen Stand den Po nach hinten. Wenn Sie den Eindruck haben, mit dieser Bewegung könnten Sie auch einen hinter sich stehenden Stuhl ertasten, dann führen Sie die Bewegung aus wie sie gemeint ist. Die Beugung findet in der Hüfte statt. Der Oberkörper wird ebenfalls nach vorne gebeugt. Ist er parallel zum Boden, sinken Sie im Oberkörper nach unten. Kopf und Arme können baumeln. Umfassen Sie die Ellenbogen, wenn die Hände bis zum Boden reichen. Das Gewicht der Arme kann Sie dann weiter in den Schultern dehnen. Lenken Sie Ihre Aufmerksamkeit zur Rückseite: Wie gestatten Sie sich im Rücken zu dehnen? Wie geben Sie sich Raum; wo halten Sie fest? Lassen Sie den Kopf tatsächlich hängen? Bewegen Sie ihn leicht von einer zur anderen Seite, um sich zu vergewissern. Beugen Sie langsam die Knie. Sie kommen in der Hocke an. Legen Sie sich eine gerollte Decke unter die Fersen, wenn Sie in der Achillessehne nicht bis zum Boden dehnen. *Lesen Sie auch im Kapitel »Raum zum Luftholen«, Seite 103, nach.*
Befinden sich die Knie über den Füßen? Wenn ja, bilden auch Ober- und Unterschenkel eine Linie. Wenn nein, sollten Sie Ihre Haltung korrigieren. Die Kniegelenke werden sonst nicht körpergerecht, sondern unnötig belastet. Probieren Sie aus, ob Sie auf dieser Grundlage die Arme entspannter zwischen den Beinen oder rechts und links der Oberschenkel halten wollen. Bleiben Sie in dieser Haltung, solange Sie sich in ihr wohlfühlen.
Dann geht es weiter auf den Rücken. Auch hier gibt es zwei Varianten.

Die erste: Stützen Sie sich seitlich mit der rechten Hand ab und verlagern Sie das Gewicht so weit nach hinten, bis Sie auf dem Boden sitzen. Verlagern Sie das Gewicht noch stärker auf diese Hand und setzen Sie die linke Hand auch auf diese abgestützte Seite. Deren Finger zeigen nach hinten. Von der rechten Hand rollen Sie auf den rechten Unterarm. Über die rechte Seite des Oberkörpers, den rechten Oberarm, auf den Rücken. Liegt der Kopf bereits auf der Unterlage?
Er kann getrost als letztes zu Boden sinken.

Die zweite Variante: Sie machen sich in der Hocke so klein wie möglich, indem Sie ein Knie umfassen und den Oberkörper nahe an den Oberschenkel ziehen. Das Kinn zeigt zum Brustbein. Verlagern Sie nun das Gewicht nach hinten, bis das Gesäß Kontakt zum Boden hat und rollen Sie über Kreuzbein, Lenden- und Brustwirbelsäule bis zum Nacken auf den Rücken. Wenn Ihnen diese Rollbewegung gefällt, können Sie die Übung »Vorwärts- und Rückwärtsrollen« anschließen.

Mit dem Bewegungssinn die Sinne des Rückens aktivieren
Eine leichte Art, den Arm zu heben: Experimentieren Sie mit der Koordination von Schulterblatt, Brustbein, Arm und Hand. Die Hand zum Mund zu führen, stellt ein existentielles Bedürfnis dar und macht vielleicht neugierig auf den leicht rotierenden Weg nach oben. Ist der Weg mit dem linken oder dem rechten Arm vertrauter?

2 Vorwärts und rückwärts rollen

In der Rückenlage sind die Beine vor den Bauch gezogen. Das Kinn zeigt zum Brustbein. Sie unterstützen die rollende Bewegung, indem Sie ein oder beide Beine in den Kniekehlen fassen. Machen Sie sich noch runder und heben Sie Kopf, Nacken und Schultern leicht an.
Beginnen Sie mit einer leichten Schaukelbewegung. Nehmen Sie wahr, wo Sie Ihrer Absicht zur Bewegung einen Impuls geben. Erforschen Sie Ihr Auf- und Abrollen: Wo ist das Rollen rund, rollen Wirbel für Wirbel über den Boden? Wo wird Bewegung eckiger, weil die Wirbel sich gegenseitig festhalten? Halten Sie die Luft an, wenn die Bewegung stoppt oder ins Stocken gerät? Atmen Sie bewusst aus. Häufig läuft die Bewegung ohne weitere Anstrengung alleine weiter. Mit dem Anhalten der Luft verstärken Sie die An- und Verspannung, die den Rücken hindert, sich rund zu machen.
Mehr zum Ein- und Ausatmen im Kapitel »Raum zum Luftholen«, Seite 91.
Wann nehmen Sie mit Kopf oder Beinen Schwung auf? Wie beeinflusst die verschiedene Art des Schwunggebens die Bewegung?
An welchen Stellen geben Sie Schwung? Wo geschieht Bewegung scheinbar passiv und der Rücken kann gegen den Boden drücken und abdrücken? Wenn Sie mögen, vergrößern Sie die Bewegung. Das Rollen nach vorne bringt Sie zum Sitzen, das Rollen nach hinten bringt die Beine bis zum Umkehrpunkt über den Kopf. Umfassen Sie in der großen Bewegung nur ein Knie. Sie können so das andere Bein als Hebel benutzen. Die Bewegung wird leichter. Sie wird mit dem Üben auch leichter durch die wachsende Gewissheit und das klare Gefühl, wann Sie Kraft einsetzen müssen und wann Sie wieder loslassen können.
Sorgen Sie für Ausgeglichenheit: Wechseln Sie jeweils vorne und hinten am Umkehrpunkt das Knie, das Sie unterfassen. Sie haben dann in jeder Richtung das rechte, beziehungsweise das linke Knie gefasst. Die Dehnung des Rückens erreicht so die linke und rechte Seite gleichermaßen.
Welche Bewegungen sind Ihnen in diesem Wechsel vertrauter, welche erleben Sie als fremd?

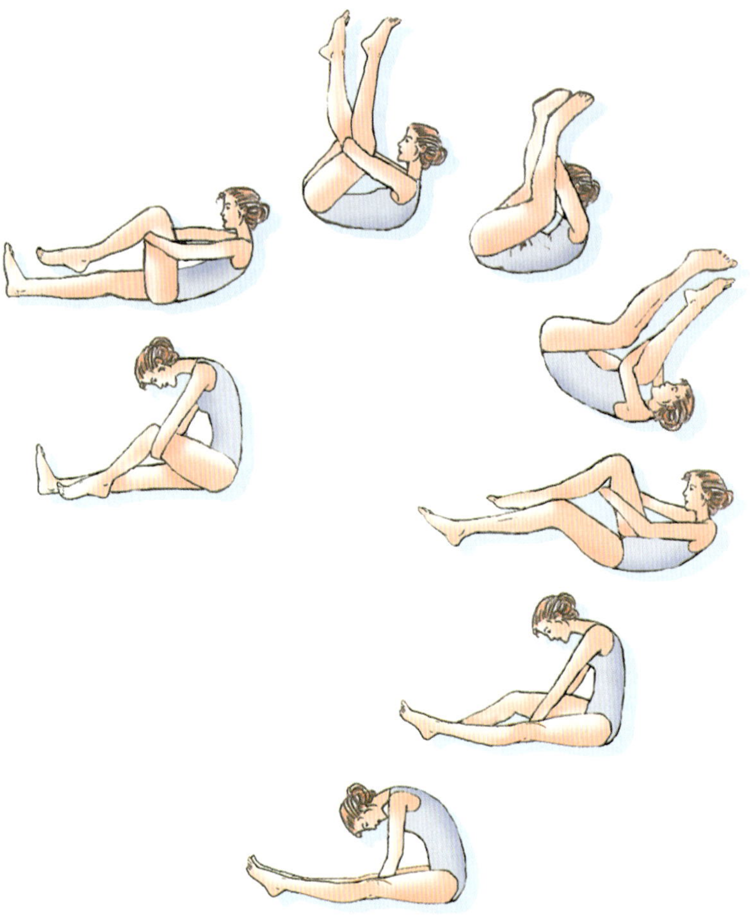

Vorwärts und rückwärts rollen

Beenden Sie die Rollbewegung indem Sie die Beine so faul wie möglich den Boden finden lassen. Wenn Sie mit weiteren Übungen fortfahren wollen, kann es spannend sein, eine kurze Bestandsaufnahme – intensiver oder weniger intensiv – anzuschließen. *Lesen Sie auch im Kapitel »Den Tag beenden« auf Seite 123.*
Ein Vergleich wird möglich: Wie verändert sich mit den Übungen die Wahrnehmung auf und für den Rücken? Sie können ebenso Veränderungen verfolgen, die sich von Üben zu Üben ergeben.

3 Blasebalg

Auf dem Rücken liegend stellen Sie Ihre Füße so »faul« wie möglich auf und ziehen sie anschließend vor den Bauch. Die Hände finden ihren Platz auf den Knien und das Kinn zeigt in Richtung Brustbein, um den Nacken zu strecken.

Bei einem Blasebalg wird die Luft aus einem Ballon heraus gepresst. Durch den Unterdruck füllt sich der Ballon ohne Zutun wieder mit Luft. Mit Ihrem nächsten Ausatmen ziehen Sie die angewinkelten Beine zum Oberkörper und unterstützen so den Vorgang der Ausatmung. Mit dem Einatmen strecken Sie die Knie vom Oberkörper weg, schaffen Platz für die einströmende Luft. Lassen Sie die Bewegung von Ihrem Atemrhythmus bestimmen. Mit der Ein- und Ausatmung gehen Sie in die Bewegung. Gibt es eine Atempause nach der Ausatmung, so gibt es in dieser Zeit auch keine Bewegung. Um sich in den Atem- und Bewegungsrhythmus einzufinden, ist eine sechs- bis achtmalige Wiederholung sinnvoll.
Wo spüren Sie Gewicht in der Bewegung? Wie verändert sich der Kontakt zum Boden in der Bewegung? Wie erleben Sie Ihre Atmung?

Stellen Sie die Füße wieder auf. Eine kleine »Zwischenbilanz«? Lenken Sie Ihre Aufmerk-

Die Phase der Ausatmung beim »Blasebalg«

Die Phase der Einatmung beim »Blasebalg«

samkeit zum Rücken: zum Steißbein, Kreuzbein, zur Lenden- und Brustwirbelsäule, zum Nacken. Den Rücken links und rechts der Wirbelsäule. Lassen Sie mit der Aufmerksamkeit in der Rückseite ein Bein wieder auf die faule Weise zum Boden rutschen.
Was passiert im Rücken während des Ausgleitens? Wie liegt der Rücken auf, wenn das Bein gestreckt ist? Lassen Sie auch das andere Bein seinen Weg zum Boden finden. Wie liegt es sich mit beiden Beinen ausgestreckt?

Rollen Sie vorsichtig den Kopf von der einen zur anderen Seite. Oftmals wird der Nacken in der Konzentration angespannt. Auf diese Weise lockern Sie die Muskulatur und die Gelenke, insbesondere die der oberen Wirbelsäule.

4 Wirbel für Wirbel hoch rollen – in der Rückenlage

Wissen Sie, dass der Aufbau des Skeletts es zulässt, jeden Wirbel einzeln zu bewegen? Während dieser Übung können Sie mit der Beweglichkeit Ihrer Wirbelsäule experimentieren.
Wenn Sie sich noch auf Ihrem Lager in der Rückenlage befinden, können Sie die Beine auf Ihre faule Weise nacheinander aufstellen. Wenn Sie jetzt mit dem Üben einsteigen, könnten Sie sich auf dem Rücken niederlassen – *wie auf Seite 79 beschrieben.*
Stellen Sie die Füße etwas mehr als hüftbreit und relativ nah an das Gesäß auf. Haben Sie das Gefühl, die Auflagefläche des Beckens und die Füße ergeben ein stabiles Dreieck? Dann haben Sie eine gute Ausgangsposition für die Übung gefunden. Die Arme strecken Sie entweder seitlich vom Körper weg oder Sie formen Ihre Hände zu einer Handschale, um den Kopf darin zu stützen. Probieren Sie aus, welche Arm- und Handhaltung Sie angenehmer stabilisiert.

Ein Druck auf die Füße leitet die Bewegung ein

Beginnen Sie die Bewegung, indem Sie mit Ihrem nächsten Einatmen etwas Druck auf beide Füße geben und, den Druck haltend, ausatmen. Mit dem nächsten Einatmen nehmen Sie den Druck aus den Füßen. Wieder in der Ausgangslage angekommen, atmen Sie aus. Kommt Ihnen diese Koordination von Atmung und Bewegung bekannt vor? Die Atmung gibt die Bewegung vor. Wie verändert sich mit dem Druck auf die Füße der Kontakt des Rückens zum Boden? Wie verändert es sich, wenn der Druck nachlässt?

Der höchst Punkt der Bewegung ist erreicht, wenn Schultern, Becken und Knie eine Linie ergeben.

Wiederholen Sie die kleine Schaukelbewegung einige Male. Sie erhalten auf die Weise eine Orientierung, in welche Richtung die Bewegung vollzogen wird. Verstärken Sie allmählich den Druck auf die Füße; Wirbel für Wirbel verlässt den Boden. An dem gewünschten höchsten Punkt der Bewegung atmen Sie aus, um mit der Einatmung das Becken wieder nach und nach auf Ihr Lager zu rollen. Rollen Sie so hoch wie es Ihnen angenehm ist. Eine kleine Herausforderung ist durchaus gewünscht, Schmerz ist absolut tabu. Der höchste Punkt der Bewegung ist jedoch erreicht, wenn Schultern, Becken und Knie eine Linie ergeben. Sollten Sie höher rollen, begeben Sie sich ins Hohlkreuz. In dieser Haltung würde ein sehr ungünstiger Druck auf die Bandscheiben der Lendenwirbelsäule entstehen. Nehmen Sie wahr, dass Sie die Gesäß-, Rücken- und Oberschenkelmuskulatur stärker anspannen müssen, je höher Sie das Becken rollen? Wo intensiviert sich im Rollen der Kontakt zur Unterlage? Wo spüren Sie Wirbel für Wirbel rollen? Wo bewegen sich eher Abschnitte der Wirbelsäule? Haben Sie eine innere Vorstellung davon, dass Sie Wirbel für Wirbel über knöcherne Dornfortsätze rollen und dass das tatsächlich geht?

Sorgen Sie im Anschluss der Bewegung für Ausgleich! Kippen Sie das Becken mit aufgestellten Füßen vor und zurück. Mit der Bewegung nach vorne entsteht ein leichtes Hohlkreuz, die Vorderseite wird gedehnt. Mit dem Kippen nach hinten rundet sich der Rücken und wird gedehnt. Rollen Sie das Becken von einer zur anderen Seite: So verschaffen Sie den Gelenken der Wirbelsäule und der Muskulatur im unteren Rücken Raum. Führen Sie alle Ausgleichsbewegungen ohne Anstrengung durch.

Das Becken im Liegen nach vorne und nach hinten »gekippt«

Sie können auch das sogenannte kleine und breite Krokodil anschließen *(siehe Seite 87).* Beide Bewegungen machen das »dem Rücken Raum-Verschaffen« zum Prinzip. Verschaffen Sie dem Nacken wieder Raum, indem Sie den Kopf sanft von einer Seite zur anderen rollen.

Nachdem Sie sich in den Beinen genüsslich gestreckt haben, könnten Sie die Aufmerksamkeit noch einmal auf den Rücken lenken. Wo spüren Sie die Wirbelsäule am Boden? Wo verlässt die Wirbelsäule die Unterlage, um ihr in einer Beugung wieder zu begegnen?

Recken und strecken Sie sich wohlig, bevor Sie wieder in Bewegung kommen. Egal, ob Ihr Weg Sie anschließend ganz zur Ruhe bringt oder Sie in den Alltag zurückkehren. Bereiten Sie den Organismus auf die Bewegung vor, die auf jeden Fall noch kommen wird. Folgen Sie in Ihrem Räkeln den genießerischen Dehnbewegungen einer Katze. ❮

Die Sinne Ihrer Rückseite

▶ Den Rücken über den Kontakt zum Boden sinnlich erfahren: Umweg oder »sinn«volle Vorgehensweise?
Im allgemeinen ist die Wahrnehmung für den Rücken eher sparsam ausgebildet.
Führen Sie Bewegungen in Rückenlage aus, kann der Boden quasi als Spiegel dienen. Die Berührungspunkte von Unterlage und Rücken bieten Orientierungspunkte, um sich ein Bild von seiner nicht sichtbaren Körperseite zu machen. Im Liegen ist die Auseinandersetzung mit der Schwerkraft, mit Gleichgewicht und Aufrichtung absolut reduziert. Sie können Ihre Aufmerksamkeit den Sinnen der Rückseite widmen.
Wo sind Kontakt und Gewicht zu spüren? Wo gibt es keine Berührungspunkte? Wie ändern sich die Druckpunkte in der Bewegung? Wie erlebe ich mich in meinem Rücken?

Rückenstrecker

Bei aufrecht stehenden Menschen sind links und rechts der Wirbelsäule kräftige Muskelstränge zu sehen und zu fühlen. Sie reichen von der Schädelbasis bis zum Becken. Sie werden als die eigentliche Rückenmuskulatur bezeichnet, weil sie entwicklungsgeschichtlich schon immer als Rückenmuskulatur ausgewiesen sind. Diese sogenannten Rückenstrecker sichern den Zusammenhalt der aus vielen Einzelteilen bestehenden Wirbelsäule. Als Bewegungsmuskeln richten sie die Wirbelsäule auf, wenn der Oberkörper nach vorne gebeugt ist. Im ganzen stehen drei Muskelschichten zur Verfügung, um diese Aufgaben in Feinarbeit zu bewerkstelligen: Es gibt eine knochennahe tiefe Schicht, die jeweils zwei Wirbel miteinander verbindet. Die mittlere Schicht geht über mehrere Wirbel und die knochenferne, obere Schicht zieht über den gesamten Rücken.

Sinnesorgan Rücken ?

Die Wirbelsäule wirkt vorgeburtlich wie eine Art Sinnesorgan.
Darüber ist bereits im Kapitel »Gleichgewichten auf der Spur«, Seite 38, geschrieben worden.
Wie setzt sich nachgeburtlich und auf den Rücken bezogen diese Funktion fort? Die alltägliche Erfahrung ist: Viel Haut und viele Muskeln mit vielen empfindsamen Nerven bilden den Rücken und doch ist er so ungeübt in der sinnlichen Wahrnehmung.

Wie die Sinne verteilt sind

Der Oberkörper mit Armen und Händen repräsentiert die Art und Weise, wie eine Person in der Welt handelt. Die untere Körperhälfte zeigt eher an, wie eine Person in der Welt steht, welche Richtung sie einschlägt.

Über allem thront die menschliche Schalt- und Koordinationszentrale, der Kopf.

Das Gehirn und alle Sinne, bis auf den Bewegungssinn, sind in ihm gebündelt. Was für den Blick oder vielleicht besser für den inneren Blick auf den Rücken wichtig erscheint: Die Ausrichtung der Sinne erfolgt in erster Linie nach vorne.
Es ist auch möglich, um die Ecke zu riechen, das menschliche Blickfeld reicht bis zu den Seiten, aber selbst die Ohrmuscheln sind so ausgerichtet, dass Schallwellen von vorne und von der Seite besser aufzunehmen sind als von hinten.
So mobil und differenziert das Schultergelenk in seinen Bewegungen ist, seine Hauptrichtung erfolgt nach vorne und dann auch noch zur Seite. Mit der Vorderseite begegnen Menschen der Welt und handeln in ihr, die Rückseite sorgt in ihrer Festigkeit für die dafür notwendige Stabilität. Ist die anatomische Ausrichtung schon so nach vorne fixiert, trägt die Vorrangstellung des Sehens ihr Übriges dazu bei. Ganz schön schwer, dann noch mitzukriegen, was hinten passiert!

Wohin die Sinne reichen

Der sinnliche Rücken und der Volksmund

Wenn nach vorne viel passiert, kann es manchmal sinnvoll sein, einen breiten Rücken zu haben, der viel aushalten und vertragen kann, der sich auch um nachteilige Folgen – erst einmal – nicht zu kümmern braucht. Ein breiter Rücken scheint auch wichtig, wenn sich jemand viel auflädt. Oder verleitet ein breiter Rücken gerade dazu?

So wie man einer Person etwas einbläuen kann, ist es auch möglich, ihr den Rücken zu bläuen, ihn blau zu schlagen, um zu verhindern, dass sie ungehorsam und halsstarrig wird. Was kann damit anderes gemeint sein, als die Person ihrer eigenen Stütze zu berauben. Ähnliches passiert, wenn einem Menschen das Rückgrat gebrochen wird: Er wird derart geschädigt, gedemütigt und beleidigt, dass sein Selbstbewusstsein und sein Lebensmut erheblich geschwächt sind.
Das gegenteilige Anliegen ist, wenn eine Person zum Widerstand ermuntert, ihr beigestanden und Mut zugesprochen wird, man ihr also den Rücken und das Rückgrat stärkt.

Reicht die eigene Rückenstärke nicht aus, ist die Suche nach Rückendeckung zu empfehlen. Steht jemand mit dem Rücken zur Wand, fühlt er sich bereits so in die Enge getrieben, dass ein Rückzug und ein Ausweichen kaum noch möglich erscheinen.

Alle Redewendungen sind mit einer kraftvollen, manchmal mächtigen oder auch zerstörerischen Energie assoziiert.

Wenn eine Person jemandem »den Rücken zuwendet« oder »die kalte Schulter zeigt«, ist das Abwehr oder aggressive Sinnlichkeit?
Was ist mit der erotischen Schulter, die so wunderbar locken kann, was mit dem Nacken und dem Rücken, die bei zärtlicher Berührung aufgeregt mit Gänsehaut reagieren? Was ist mit der alltäglichen Sinnlichkeit, die Auskunft darüber gibt, wie es gerade um die eigene Haltung, um die eigene Stützung und Stabilität steht?

Kennen Sie das »Strahlen« eines Kinderrückens?

Für Dinge, die im übertragenen Sinne nicht angeschaut werden sollen oder wollen, besteht die Möglichkeit, sie nach hinten zu befördern. Die zentrale Blickrichtung des Menschen unterstützt diese Strategie. Eine durchaus sinnvolle Strategie, gibt es doch Lebenszeiten, in denen bestimmte Dinge und Geschichten, aus welchen Gründen auch immer, nicht zu betrachten, nicht zu klären oder zu bearbeiten sind. Anstrengend und auch schmerzhaft kann es werden, wenn zwar der Rücken »weiß«, das Bewusstsein diese Geschichten aber nicht erkennen kann oder will.

Rückenschmerzen können auch auf das Bedürfnis hindeuten, am liebsten vor einer Sache davonlaufen zu wollen oder einer Sache den Rücken zuzuwenden, aber nicht entsprechend zu handeln. Es kann auch sein, dass Lebensgeschichten muskulär und energetisch in den Rücken eingeschrieben sind. Was passiert mit der dort verpackten Wut, dem Groll, aber auch dem Widerstand gegen die eigene Wertschätzung, der Sehnsucht nach Zuwendung wie auch der Angst vor Liebe? Was passiert, wenn diese Energie nicht mehr festgehalten wird? Wenn Sie wollen, besteht dann die Möglichkeit, sich mit den Dingen zu beschäftigen, die mit viel Energieaufwand aus dem Bewusstsein ferngehalten wurden.
Übungen, die die Aufmerksamkeit auf den Rücken lenken, können darin unterstützen, seine Verspannungen wie auch seine Beweglichkeit zu erspüren. Als Bestandsaufnahme vollzogen, können Sie entscheiden, wie Sie mit dem Entwurf Ihres Rückenbildes verfahren.
Ein Moment des »Aha«, des »So ist das also« schafft den Bezug zu Ihrer Gegenwart und, wenn Sie wollen, zu Ihrer momentanen Befindlichkeit, die immer Ausgangspunkt Ihres Handelns ist. Egal wie Sie sich entscheiden, erlauben Sie sich, wertschätzend mit sich umzugehen …

Kniebeugen für den Rücken

- Elastizität in den Knien verschafft auch dem unteren Rücken Beweglichkeit. Stehen Sie in Ihrer gewohnten Weise und legen Sie einen Handrücken in Gürtelhöhe auf den Rücken. Erfühlen Sie die Beschaffenheit von Haut und Muskulatur in der Taille, der Lende, im Kreuzbein, links und rechts der Wirbelsäule. Lassen Sie die Knie locker werden, indem Sie sie ganz leicht beugen. Beugen Sie beide Knie und abwechselnd das linke und das rechte. Wie reagiert der Rücken auf die Veränderung in den Knien? Wie erleben Sie diese Veränderung?
- Können Sie sich vorstellen, diese leichte Art, den Rücken nach vorne und nach hinten zu bewegen, auf Ihr Gehen, Schritt für Schritt, zu übertragen? Probieren Sie aus, wie jedes Strecken der Knie die Spannung in der Lendenwirbelsäule verstärkt.

Ü Die Rückseite durch Beweglichkeit entlasten

- »Krokodile« sind wunderbare und mit intensiven Dehnungen verbundene Übungen. Um das Erleben genießen zu können und Überforderungen der Muskulatur, Bänder und Sehnen zu vermeiden, sollten Sie den Organismus vorbereiten. Lockerungs- und Dehnübungen für Arme, Beine und Rumpf haben Sie vielleicht im Kurs kennengelernt.
Übungen wie das »Trocken-Radfahren« stehen auf Seite 56, der »Gruß an Himmel und Erde« auf Seite 102 und Übungen, die den Rumpf dehnen, sind in dem Kapitel »Dem Atem Raum geben« ab Seite 99 zu finden.

Gestatten Sie sich, den Räkelimpulsen zu folgen, die Ihnen Ihr Organismus anbietet. Haben Sie sich wieder ein freundliches Plätzchen bereitet, um in die Bewegungen der Krokodile zu gehen? Kurz eine Decke auf den Boden gelegt, um dehnend bei sich anzukommen? Krokodilübungen finden auf dem Rücken liegend statt. Falls Sie bereits liegen: Können Sie noch nachvollziehen, wie Sie in die Rückenlage gekommen sind?

1 Rückseite dehnen

Wenn Sie jetzt auf dem Rücken liegen, strecken Sie noch einmal die Beine in die Luft. Machen Sie eine Position ausfindig, in der Sie die Beine möglichst wenig halten müssen. Es kann hilfreich sein, die Knie etwas mehr zu beugen. In der Beugung können häufig auch die Beine etwas stärker zum Körper gezogen, beziehungsweise gebeugt werden. In der für Sie am wenigsten anstrengenden Position ziehen Sie die Zehen zu sich und strecken die Fersen nach oben zur Decke. Begleiten Sie die Dehnung in der Beinrückseite, die über das Gesäß bis in den unteren Rücken geht, mit einer bewussten Ausatmung; stöhnen und jammern Sie bei Bedarf. Es kann großen Spaß machen und entlastet ungemein. Üben Sie hier für das »wirkliche« Leben!

Halten Sie die Dehnung einige Atemzüge und lassen Sie anschließend die Unterschenkel zum Gesäß fallen. Machen Sie noch drei oder vier Wiederholungen?

2 Das kleine Krokodil

In der Rückenlage stellen Sie die Beine etwa eine halbe Armlänge vor dem Gesäß hüftbreit auf. Um in der drehenden Bewegung den Schultergürtel zu stabilisieren, legen Sie den Kopf in eine Handschale.

Das kleine Krokodil

Auch für die »Krokodile« gilt: In der Bewegung atmen Sie ein, in der Bewegungspause aus. Einatmend lassen Sie die Knie soweit zum rechten Boden sinken wie es Ihnen angenehm ist. Dort angekommen atmen Sie aus.
Einatmend führen Sie die Knie nacheinander zur Mitte zurück und atmen dort angekommen wieder aus.
Zum linken Boden wird die Bewegung entsprechend ausgeführt. Nehmen Sie in Ihrem Atemrhythmus die Bewegung auf.

Wo spüren Sie Dehnung? Ist es Ihnen möglich, in der Ausatmung die Beine in der Hüfte loszulassen? Gibt es Unterschiede, wenn die Beine zur linken und zur rechten Seite sinken?

Verweilen Sie zum Abschluss des »kleinen Krokodils« jeweils einige Atemzüge zur linken und zur rechten Seite gedehnt. Stellen Sie die Füße weiter vorne auf, wenn Ihnen die Dehnung im unteren Rücken zu stark ist.

Auch wenn Sie Kissen zu beiden Seiten legen, auf denen die Knie erhöht ruhen können, nehmen Sie Dehnung aus der Lende. Gehen Sie achtsam mit Ihren Bewegungsgrenzen um? Lassen Sie die Beine von der Mitte aus zum Boden gleiten. Wie wirkt die Dehnung in den Beinen, der Hüfte und im Rücken nach?

3 Das breite Krokodil (dynamisch)

Sie bleiben in der Rückenlage. Die Arme liegen weit zur Seite gestreckt, die Handflächen zeigen nach oben. Drehen Sie die Handflächen noch einmal nach unten und wieder nach oben. Nehmen Sie wahr, wie sich der Brustraum mit der Drehung der Handflächen nach oben öffnet? Gleichzeitig schieben die Schulterblätter in Richtung Wirbelsäule. Im Liegen wäre es für Sie vielleicht schwerer nachzuvollziehen, doch im Stehen würden Sie sofort merken, dass Sie die Schulter aufrichten und zurücknehmen. Die Schultern »hängen« und der Brustkorb sinkt ein, die Handflächen zeigen nach unten.
Stellen Sie nacheinander die Füße auf und ziehen Sie die Beine vor den Bauch.

Mit dem Rücken »sehen«!?

Der Ausdruck bescheinigt schon die Wichtigkeit des Sehens in dieser Kultur. Oder können Sie sich eher vorstellen, mit dem Rücken zu riechen oder zu hören?

- Gehen Sie in einer vertrauten Umgebung doch mal wieder rückwärts. Sie aktivieren damit Ihre Fähigkeit, mit dem Rücken zu sehen. Lenken Sie Ihre Aufmerksamkeit auf die Rückseite. Auf den unteren, den oberen Rücken, die Schultern. Wie weitet sich die sinnliche Wahrnehmung des Rückens in den Raum aus? Bieten die Füße ein gutes Fundament, um sich nach oben und rückwärts auszubreiten?
- Wechseln Sie zum bewussten Vergleich die Richtung und gehen Sie vorwärts. Wie schreiten Sie vorwärts und wie rückwärts durch den Raum? Kann im Rückwärtsgehen auch auf vergangene Zeiten geschaut werden? Auf das, was hinter Ihnen liegt?

Das breite Krokodil: Die Handhaltung beeinflusst die Öffnung oder das Einsinken des Brustkorbs

Führen Sie die Knie einatmend zur rechten Seite. In der Bewegung dreht der Kopf gleichzeitig zur linken Seite. Wichtigstes Kriterium für Ihre Bewegung ist wieder Ihr »Angenehm-Gefühl«. Sind Sie in Ihrer Endposition angekommen, atmen Sie aus.
In der nächsten Einatmung führen Sie Knie und Kopf zur Mitte zurück. Dort angekommen, atmen Sie aus.

Einatmend bewegen Sie jetzt die Knie nach links und drehen den Kopf gegengleich nach rechts. Am Ende der Bewegung erfolgt die Ausatmung.
Ein Bewegungsablauf ist beendet, wenn die Knie einatmend zur Mitte zurück geführt worden sind und Sie ausgeatmet haben.

Wiederholen Sie den Ablauf so oft Sie mögen. Gönnen Sie ihn sich einige Male, um ein Gespür und ein inneres Bild von der Bewegung zu entwickeln.
In einer Erweiterung der Übung verweilen Sie einige Atemzüge in der Rechts- und Linksdrehung. Lenken Sie Ihre Aufmerksamkeit auf die Dehnung der rechten und linken Körperseite. Vielleicht können Sie mit jedem Ausatmen das oben liegende Bein etwas mehr in der Hüfte loslassen. Vielleicht ist es auch möglich, mit jedem Ausatmen, Schulter und Arm der gedehnten Seite etwas mehr loszulassen. Wie erleben Sie die Beweglichkeit der Wirbelsäule? Wie verändert sich der Kontakt zum Boden, wenn Sie die Knie zur Mitte und von dort aus zur anderen Seite sinken lassen?
Im Anschluss finden die Knie zur Mitte zurück. Die Füße setzen nacheinander auf. Die Beine gleiten faul zu Boden. *Auf Seite 118 finden Sie zwei Beispiele für faules Gleiten.*
Ist Ihnen danach, das Becken von einer Seite zur anderen zu rollen, nachdem die Oberschenkel so lange vor den Bauch gezogen waren? Oder die Beine in den Hüftgelenken zu strekken? Wie ist Ihr Erleben in den Beinen? In der Hüfte? Im Oberkörper auf der Vorderseite, im Rücken? ❮

Krokodilübungen ...

... entstammen dem Yoga. Spiralige Bewegung und großflächiger Kontakt zum Boden regen die Wahrnehmung im Rücken an. Dabei erfahren die langen Muskeln links und rechts der Wirbelsäule Dehnung. Die Gelenke der Wirbelsäule werden mobilisiert. Die Rotation im unteren Rücken massiert die inneren Organe im Unterleib und regt damit deren Durchblutung an. Das breite Krokodil weitet die Dehnung zusätzlich auf Brustraum und Schultergürtel aus.

Keine Angst!

Die Krokodilübungen können eine wahre Wohltat sein, um sich vor Rückenschmerzen durch Dehnung zu schützen oder verspannte Rücken zu entlasten. Bei den Drehungen der Wirbelsäule müssen Sie generell keine Angst haben, sich zu schaden, wenn Sie auf Ihre Schmerzgrenzen achten und nicht ruckartig in eine Bewegung gehen.
Einzige Ausnahme: Vorsicht bei entzündlichen Prozessen oder akuten Bandscheibenvorfällen. Möchten Sie in einer Haltung des Krokodils eine Weile bleiben? Polstern Sie sich ausreichend ab, um es angenehm, nicht schmerzhaft werden zu lassen.
Immer gilt: Beenden Sie eine seitliche Drehung des Rückens auf die gleiche Art, wie Sie sie begonnen haben, dann können Sie sicher sein, den Muskeln und Sehnen nicht zu schaden.

Dem Atem

Raum geben

Sich frischen Wind
Um die Nase wehen lassen
Genug Raum haben
Endlich mal Luft zu holen
Eine Atempause einlegen
Ausatmen und Aufatmen

Atemräumen nachspüren

Atmen ist Leben. Leben beginnt mit dem ersten Atemzug des Neugeborenen und endet mit dem letzten Atemzug einer sterbenden Person. Atem braucht Raum. Haben Sie schon einmal bewusst wahrgenommen, wo und wie Sie sich atmend im Körper Räume schaffen?

Eine Möglichkeit, den Atemräumen nachzuspüren, besteht, wenn Sie auf dem Rücken liegend die Beine aufstellen: etwas mehr als hüftbreit und nicht zu nahe am Gesäß. Probieren Sie aus, mit welchen Abständen Sie einen guten Halt haben, um in der Position angenehm verweilen zu können. Sie sind dann während der Übung nicht beständig damit beschäftigt, die Beine auszubalancieren.

Gestalten Sie sich einen Übergang, ein Ankommen bei dieser Wahrnehmungsübung. Bestandsaufnahmen stellen eine Möglichkeit dazu dar: Nehmen Sie Ihre momentane Stimmung wahr. Wo sind Sie mit Ihrer Aufmerksamkeit? Mehr im Kopf und im Denken über das, was bereits alles war oder was Sie heute noch erwartet? Im Körper oder den Sinnen? Welche Geräusche, Gerüche nehmen Sie wahr?

Lenken Sie Ihre Aufmerksamkeit mehr und mehr auf die Atmung. Nehmen Sie wahr, wie die kalte Atemluft in Ihre Nase einströmt.
Wie weit ist die Atmung im Rachenraum zu spüren? Wo verliert sie sich?
Stellen Sie sich vor, wie die Luft durch die Luftröhre, die Bronchien in die Lunge strömt, wie sie ankommt und sich mit dem Blut austauscht. Ausatmend geht die Luft den umgekehrten Weg. Sie verlässt den Körper durch Lunge, Bronchien, Luftröhre, Rachen und Nase. Beobachten Sie Ihre Atmung. Atmen Sie bewusst aus. Gönnen Sie sich die kleine Atempause, die nach dem Ausatmen geschehen kann. Das nächste Einatmen kommt ganz von alleine.

Legen Sie die Hände so auf den unteren Bauch, dass die kleinen Finger in der Leiste liegen. Nehmen Sie die Ausdehnung Ihres Atems wahr. Wie weit ist die Bewegung in den unteren Bauch hinein zu spüren?

Lassen Sie den Atem ohne Anstrengung fließen. Verlagern Sie die Hände etwas nach oben. Die Daumen berühren jetzt die unteren Rippen. Wie spüren Sie hier Atembewegung?
Platzieren Sie die Hände seitlich an den Rippen. Beobachten Sie, wie sich der Abstand der Rippen zueinander in der Ein- und Ausatmung verändert.
Rutschen Sie mit den Händen noch etwas höher in Richtung Achselhöhlen. Es kann jetzt für Sie bequemer sein, wenn die linke Hand an der rechten Achselhöhle liegt und umgekehrt. Ist hier Atembewegung zu spüren?
Legen Sie schließlich die Finger unter die Schlüsselbeine. Ist auch hier die Bewegung des Atems zu fühlen?

Beenden Sie die Übung, indem Sie die Hände dort platzieren, wo Ihnen das Spüren der Atembewegung am besten gefallen hat. Vielleicht wollen Sie die Hände auch dort hinlegen, wo eine Atembewegung Sie neugierig gemacht hat.
Recken und strecken Sie sich anschließend – entsprechend Ihrem eigenen Bedürfnis.

Atem erleben
Atemräume gibt es viele im Körper. Wie wirken diese inneren Räume nach außen weiter und wo? Eigene Berührung und Berührung durch andere Menschen können diese Wirkung erlebbar machen. In der Berührung ist eine fühlbare Spiegelung möglich.
Berührung ist spürbar! Mit dieser scheinbar banalen Qualität können Aufmerksamkeit und auch Atmung dahin gelenkt werden, wo diese Berührung stattfindet.
In unserem Kulturkreis wird häufiger in die Brust als in den Bauch geatmet. Liegen die Hände jedoch auf dem Bauch, kann auf diese Weise die tiefere Bauchatmung unterstützt werden. Tiefe Atmung wirkt in ihrer Belebung auch entspannend. Wie war das Erleben von Atemräumen unter den Schlüsselbeinen und in der Leiste, auf dem Bauch?

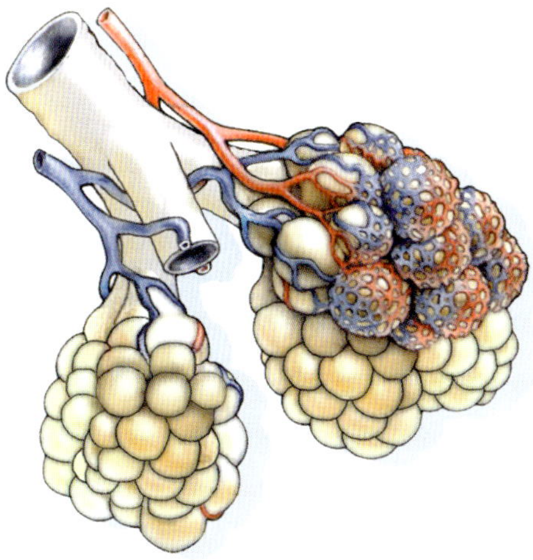

Lungenbläschen mit Blutgefäßen

Die Atmungsorgane

Mit jedem Einatmen ziehen Sie Luft über Nase oder Mund in den Rachen, über den Kehlkopf weiter in die Luftröhre. Von dort wird die Luft in die Hauptäste der Bronchien gezogen, die sich in kleinere verästeln, bis die Luft durch die Bronchiolen in den Lungenbläschen ankommt. Beim Ausatmen verlässt die Luft den Körper in umgekehrter Reihenfolge.
Bis zu den kleinen Ästen der Bronchien hält Knorpelgewebe den Weg frei. In den Bronchiolen sorgen kleine Muskeln für ein reibungsloses Ein- und Ausatmen oder halten – beim Asthma – den Atem krampfhaft fest. Erstickungsgefühle entstehen dann nicht durch den fehlenden Sauerstoff, sondern durch den festgehaltenen Atem.

Atmung ist rein funktional betrachtet der Gasaustausch von Sauerstoff und Kohlendioxid. Der vollzieht sich zum einen als äußere Atmung in den Lungenbläschen. Dabei wird Sauerstoff aus der eingeatmeten Luft in das Blut aufgenommen und Kohlendioxid in die Lungenbläschen abgegeben. Deren Oberfläche ist sehr groß und beträgt tatsächlich 80-120 qm. Diese Oberfläche gewährleistet in kurzer Zeit einen möglichst großen Gasaustausch. Bei der inneren Atmung geschieht der gleiche Gasaustausch zwischen Blut und einzelnen Körperzellen, den Organen. Das Blut verbindet also die äußere und innere Atmung, in diesem Fall durch seine Mittler- und Transportfunktion von Sauerstoff und Kohlendioxid.

Die Mundatmung wird notwendig bei krankhaften Veränderungen der Nase sowie sinnvoll als Ergänzung bei anstrengender oder sportlicher Tätigkeit.

Der Atemvorgang

Mit der Einatmung wird der Brustraum erweitert, die Rippen angehoben. Gleichzeitig zieht sich das Zwerchfell zusammen und senkt sich in den Bauchraum hinein ab. Es entsteht ein Unterdruck, der durch das Ansaugen von Luft ausgeglichen wird. Die Atembewegungen im Brustkorb erfolgen durch Muskeln, die in zwei Schichten zwischen den Rippen liegen.

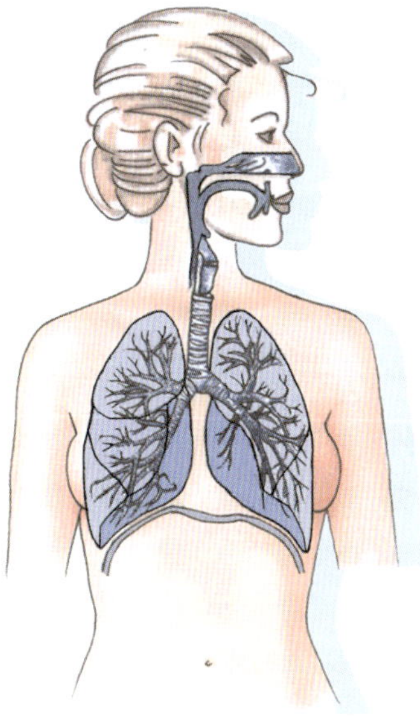

Organe der Atmung

Bei Atemnot und einer Vertiefung der Atmung unterstützt die sogenannte Atemhilfsmuskulatur. So werden die Muskeln genannt, die zwischen Rippen und Schultergürtel, Schädelbasis und Wirbelsäule verlaufen und die aufgrund ihrer Anordnung in der Lage sind, die Rippen anzuheben.

Mit der Ausatmung wird der Raum der Atemorgane verengt. Dieser Prozess wird durch das Erschlaffen der äußeren Schicht der Zwischenrippenmuskulatur und des Zwerchfells eingeleitet. Damit verengt sich der Brustkorb infolge der Schwerkraft, die die Rippen nach unten sinken lässt wie auch aufgrund der Elastizität der Bänder und Gelenke, die in die Ruhelage zurückstreben. Wird die Luft nicht angehalten, lässt der entstehende (Über-) Druck sie entweichen. Das Zwerchfell wölbt sich in der Entspannung nach oben in den Brustraum. In der Atempause verengt sich der Rumpfraum geringfügig weiter. Ebenso geringfügig erhöht sich der Druck auf das Lungengewebe. Weiteres Ausatmen gleicht diesen Überdruck aus.

Die Muskeln der inneren Schicht der Zwischenrippenmuskulatur sind für den Prozess des Ausatmens zuständig. Sie verengen den Brustkorb von oben nach unten. Da die Einatmung wesentlich mehr Kraft beansprucht als die Ausatmung, ist der Querschnitt der äußeren Zwischenrippenmuskulatur doppelt so groß wie der der inneren. Bei angestrengter und intensiver Ausatmung wie auch beim Husten oder Niesen setzt die Bauchmuskulatur unterstützend ein.

Auch die Wirbelsäule wirkt bei der Atmung unterstützend und stabilisierend. Mit ihrer Aufrichtung können die Atmung vertieft und die Dehnung des Brustkorbs verstärkt werden. Die Schultern sind ebenfalls aufgerichtet und sinken nicht nach vorne. Bei tiefer Ausatmung dagegen wird der Oberkörper mit den Schultern etwas nach vorne gebeugt. Die Luft kann aus dem verkleinerten Brustkorb fließen.
Mit jedem Atemzug werden die Bauchorgane massiert. Der Druck des Zwerchfells beim Einatmen verschiebt ihre Lage. Beim Ausatmen werden sie wieder mit zurückgezogen. Bei der Bauchatmung ist dies auch äußerlich sichtbar, wenn sich die Bauchdecke hebt und senkt.

Bauch- und Brustatmung

Es existieren zwei grundlegende Atemtypen: die Bauchatmung und die Brustatmung. Sie weisen unterschiedliche Merkmale auf, sollten aber nicht getrennt voneinander betrachtet werden, weil sie sich bei unbeeinflusster Atmung zu der sogenannten Vollatmung oder Tiefatmung ergänzen.
Bei der Bauchatmung, auch Zwerchfellatmung genannt, geschieht die Einatmung überwiegend durch Bewegungen des Zwerchfells.

Nasenatmung

- Wenn es Ihnen möglich ist: Atmen Sie durch die Nase ein und aus!

Die Nase ist nicht nur der kleine, nach außen sichtbare Vorbau. Mit den Nasennebenhöhlen existieren Räume und Gemächer. Die Nase wirkt wie ein Filter. Ihre Schleimhäute mit den Flimmerhärchen reinigen die eingeatmete Luft von Staubteilchen und Fremdkörpern. Vieles wird bereits von den Nasenhaaren am Naseneingang abgehalten. Eingeatmete Luft wird in den Windungen der Nase vorgewärmt, in den Nasennebenhöhlen angefeuchtet. Eine Reizung der Schleimhäute der Atemwege und nicht selten auch eine Infektion wird so weitestmöglich vermieden.

Der Wechsel von Über- und Unterdruck, ausgelöst durch die Atmung, ist ein notwendiges Phänomen mit Folgen auch für den Kreislauf. Die Einatmung verursacht in den zum Herzen führenden Venen des Brustraumes durch Unterdruck einen Sog. Dieser Sog saugt die für den Kreislauf erforderliche Menge an Blut zum Herzen hin. Er ist bei der Nasenatmung stärker als bei der Mundatmung, und das ist gewünscht.

- Aus diesem Grund: Regen Sie Ihre Nasenatmung an! Schnuppern, schnüffeln und riechen Sie, wo Sie können.
- Atmen Sie je dreimal erst durch das eine, dann durch das andere Nasenloch ein und aus. Verschließen Sie das jeweils andere Nasenloch mit dem Daumen und legen Sie den Zeigefinger auf die Nasenwurzel zwischen den Augen.

Dabei werden vornehmlich die Rumpfpartien geweitet. Bei ruhiger Atmung vollziehen sich vor allem Zwerchfellbewegungen, die Atmung unterstützt den Kreislauf. Das Ein- und Ausatmen durch die Nase wirkt sich förderlich auf die Bauchatmung aus.
Bei der Brustatmung geschieht die Einatmung vor allem durch Bewegungen der Zwischenrippenmuskulatur und vor allem der Brustraum wird geweitet. Auch Kleidung, die den Bauchraum einengt, wie Mieder, Korsett, enge Hosenbünde und Gürtel, fördert die Brustatmung. Das Tragen hochhackiger Schuhe wirkt ebenso. Frauen wählen diese Arten, sich zu kleiden, häufiger als Männer. An diesen Beispielen wird deutlich, wie sie mit ihren Atemräumen auch ihre Körperräume einschränken und sich damit auch im öffentlichen Raum eher klein machen und beschränken.

U-O-A-E-I: Vokale besetzen Körperräume!
Das Tönen der Vokale oder die sogenannte Vokalatmung lockert nicht nur die Zunge. Sie wirkt auch in den Organen, in deren Räumen sie schwingt, lockernd, durchblutend und regenerierend. Ilse Middendorf beschreibt für jeden Vokal einen gleichbleibenden geometrischen Atembewegungsraum. Diese Räume sind grundsätzlich wahrnehmbar. Ohne kulturelles Lernmuster ist die Empfindsamkeit für diese Räume eher gering ausgeprägt. So befindet sich der U-Raum im unteren Bauch, der O-Raum bildet die Rumpfmitte. Der E-Raum beschreibt horizontal-elliptisch den Bereich der Flanken. Der A-Raum umfängt den Körper wie ein Ei und der I-Raum schwingt im Kopf und oberen Schultergürtel. Welche Stimmungen löst das Tönen der verschiedenen Vokale bei Ihnen aus? Probieren Sie es im Sitzen oder in Verbindung mit einem Recken und Strecken.

Was bei der Atmung passiert

Atemrhythmus	**Ausatmen** = Entspannen	**Atempause** = Lösen	**Einatmen** = Anspannen
Atemmuskeln			
Zwerchfell = Hauptatemmuskel	entspannt sich – Zwerchfellkuppel wölbt sich bis zu Brustwarzenhöhe in die Brusthöhle hinein	ruht gelöst in Mittellage (Indifferenzlage)	spannt sich an – Zwerchfellkuppel flacht ab, senkt sich 1-3 cm in die Bauchhöhle
Äußere Zwischenrippenmuskulatur	entspannen sich – verengen und senken dadurch Brustkorb passiv	lösen sich	spannen sich an, heben Brustkorb und stellen Brusthöhle nach außen seitlich weit
Einatemhilfsmuskeln	entspannen sich	lösen sich	spannen sich nur bei verstärkter Einatmung
Ausatemmuskeln (= innere Zwischenrippenmuskeln)	spannen sich nur bei tiefer Ausatmung an	lösen sich	spannen sich
Bauchmuskulatur und übrige Rumpfmuskulatur	sinkt ein, ohne sich anzuspannen	löst sich	wölbt sich ausweitend nach außen
Lungengewebe	zieht sich elastisch zusammen	löst sich	dehnt sich elastisch mit der Brustkorbweitung nach außen-seitlich und mit der Zwerchfellbewegung nach unten
Brustbein	sinkt	sinkt / sinkt weiter ab	wird angehoben

Ü Natürliche Atemimpulse

› Alles was an natürlichen Atemimpulsen Spaß macht, ist in der Öffentlichkeit verboten! So könnte man überspitzt sagen. Oder auch nicht? Gähnen, Seufzen, Stöhnen, Weinen Lachen, Schnuppern, Schnüffeln, Niesen, Husten, Pfeifen und Singen werden durch die Erziehung unterdrückt, zumindestens verdrängt, bei Kindern gerade noch erlaubt oder geduldet. Sie bejahend zu unterstützen, würde bedeuten, die Atmung im alltäglichen Leben zu regulieren, zu vertiefen und zu beleben. Atmung ist nichts anderes als die grundlegende Ausdrucksform des Lebens.

1 Die Kunst des Gähnens

Erlauben Sie sich, ausgiebig zu gähnen. Gehen Sie davon aus, dass es mehr Situationen in Ihrem Leben gibt, in denen Sie von ganzem Herzen gähnen können, als Sie bisher angenommen haben.
Hier nun einige Anregungen, die zu einem gähnenden Genuss beitragen können. Wo können Sie überall mit ihnen experimentieren?

Sich reckend und streckend ein Gähnen entlocken – so oft Sie wollen!

Strecken, recken, räkeln Sie sich mal wieder. Fangen Sie einfach an. Nehmen Sie wahr, wo Sie sich in Ihrem Körper strecken und räkeln wollen. Folgen Sie diesen Impulsen. Reckend dehnt sich verkürzte Muskulatur, die Atem- und die Atemhilfsmuskulatur werden angeregt:

Nicht unbedingt für die Öffentlichkeit bestimmt, aber wohltuend

Vielleicht meldet sich bereits ein herzhaftes Gähnen an, das Sie mit weit geöffnetem Mund genießen können…
Provozieren Sie mit Ihrem Räkeln ein Gähnen und versuchen Sie dabei einmal den Mund geschlossen zu halten. Der hintere Rachenraum wird gedehnt.
Öffnen Sie Mund und Rachenraum so weit, dass ein wahrhaftiger Kürbis darin Platz finden würde. Spüren Sie die Weite in der Mundhöhle? Halten Sie diese Spannung, bis fast ein Gefühl von Maulsperre entsteht. Dann lassen Sie Unter- und Oberkiefer wieder sanft zusammengehen.
Spannen Sie sich absichtlich und ganz fest in den Kiefergelenken an. Beißen Sie die Zähne aufeinander, bis Sie vor Spannung zu zittern beginnen. Wie erleben Sie diese Spannung? Lassen Sie Ober- und Unterkiefer weich auseinander fließen. Klappern Sie zum Ausgleich locker mit dem Unterkiefer im Kiefergelenk. Um sich zu vergewissern, dass Sie keine Anstrengung und Verspannung produzieren, lassen Sie zwischendurch den Unterkiefer hängen. Sie können dieses Klappern auch mit einem gutmütigen »ja-ja-jaa-ja-ja-jaaaa« begleiten. Das »ja« unterstützt dabei, den Rachenraum zu öffnen.

Können Sie den Unterkiefer kreisen? Waagerecht wie einen Mühlstein? Senkrecht? Probieren Sie beide Richtungen aus. In kleinen und großen, winzigen und riesigen Kreisen. Wie kreisen Ihre Kreise? Spüren Sie der Bewegung nach? Wie wirkt sie nach?
Schneiden Sie Grimassen. Welches Tier oder welchen Menschen wollten Sie schon immer mal imitieren? Legen Sie das Gesicht in Falten; lassen Sie es sich wieder in Ruhe glätten.

2 Wohliges Stöhnen und Seufzen

So wie Sie sich streckend ein Gähnen entlocken können, ist ein zufriedenes Stöhnen und Seufzen dabei möglich. Seien Sie nicht ungeduldig mit sich. Loslassendes, nicht nörgeliges Stöhnen ist nicht so einfach. Es ist durch Erziehung tabuisiert und will von daher neu gelernt sein. Starten Sie mit Wimmern und steigern Sie sich zum genüsslichen Stöhnen. Vielleicht haben Sie eine Freundin, mit der Sie zusammen üben können, in deren Gegenwart Sie sich ausprobieren können und die Sie wohlwollend ermuntert. Am besten suchen Sie sich eine Person, die sich mit Ihrem Stöhnen nicht persönlich angesprochen fühlt. Dazu bedarf es nicht immer vieler Worte.

Grimassen schneiden ist nicht schwer!?

Entlassen Sie Ihren Schmerz beim Zahnarzt. Er wird auch dafür bezahlt. Nehmen Sie den Schmerz und die Anspannung so weit wie möglich nicht mit nach Hause.

Sie stehen in einer leichten Grätsche. Die Arme hängen entspannt, brauchen nicht in den Schultern gehalten zu werden. Atmen Sie durch die Nase ein. Stöhnend ausatmend lassen Sie den Oberkörper locker nach vorne fallen. Die Arme baumeln. Stöhnen und seufzen Sie Hemmendes und Belastendes aus Ihrem Befinden fort. ❮

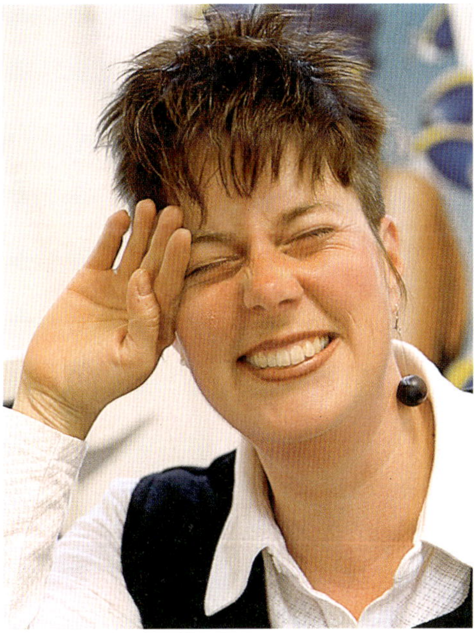

»Tränen lachen«

Was Gähnen so gesund macht
Gähnen ist ein Reflex. Einer lang anhaltenden tiefen Einatmung folgt ein langsames Ausatmen. Genüssliche Lautäußerungen sowie das Gähnen begleitende Streck- und Räkelbewegungen unterstützen zusätzlich einen natürlichen Spannungsausgleich. Ausgleich zwischen Unter- wie auch Überspannung im Körper. Gähnen führt zu einem Ausgleich zwischen Kohlendioxidüberschuss und Sauerstoffmangel im Blut: Gähnende Menschen sind nicht gleich gelangweilte Menschen. Ein böses Vorurteil. Gähnen wirkt ansteckend – lassen Sie sich anstecken!

Lachen, Husten und was noch?

»Lachen ist gesund« und wer »nichts zu Lachen hat«, dem geht es schlecht. Lachen kommt durch kurze Ausatmungsstöße zustande, wobei sich die Stimmbänder abwechselnd voneinander entfernen und sich wieder nähern. Lachen hält das Zwerchfell, den wichtigsten Atemmuskel elastisch und ist damit eine der besten Stimm- und Atemübungen. Lachen vertieft die Ein- und Ausatmung. »Lachen ist gesund« und »Lachen ist die beste Medizin«.

Weinen ist entstauend, lockert und wirkt oft befreiend. Es kann Druck lösen, der auf einem lastet. Weinen und Heulen können viele Ursachen haben: Wut, Trauer, Trotz, Scham, Kränkung, Schmerz, Einsamkeit, Verlust, Hoffnungslosigkeit, Sehnsucht, Freude ... Kinder drücken ihr Unwohlsein mit Weinen aus, lange bevor sie sprechen können. Frauen weinen öfter als Männer. Als das vermeintlich härtere Geschlecht sind Männer in der Tendenz immer noch dazu erzogen, ihre Gefühle stärker zu unterdrücken. In südlichen Ländern wird eher geweint, geklagt und geheult als in nordischen.

Für das Weinen gilt das gleiche wie für das Gähnen. Es ist auch im alltäglichen Geschehen immer mal wieder möglich.

Wenn Sie nicht »heulen wollen wie ein Schlosshund«, gestatten Sie sich, Ihre vielleicht momentane Traurigkeit oder Ihren Schmerz wertschätzend wahrzunehmen. Diese Befindlichkeiten begleiten Sie ohnehin und beeinflussen Ihr Handeln, ob Sie es bewusst wahrnehmen oder nicht. Wenn Sie es wahrnehmen, können Sie klarer über die Richtung Ihres Handelns bestimmen oder einfach feststellen: »Ah ja, so ist das also heute.«

Als reflektorischer Vorgang reinigt das Niesen die oberen Atemwege. Gefäßveränderungen der Nasenschleimhaut sowie deren Reizung durch Fremdkörper können ein Niesen hervorrufen. Schnupfen mit tabakfreiem Schnupftabak wirkt gesundheitsfördernd. Das künstlich herbeigeführte Niesen reinigt und belüftet die Nase, Rachen und Kopf. Es kann Benommenheit und Kopfschmerzen lindern.

Husten reinigt die unteren Atemwege und die Lunge. Nach einem tiefen Einatmen wird der Kehlkopf mit der Stimmritze verschlossen und damit ist der Weg der Luft nach draußen versperrt. Durch die Anspannung der Ausatemmuskulatur wird der innere Druck im Brustkorb noch einmal erhöht. Durch den Hustenstoß öffnet sich die Stimmritze und Fremdkörper in Luftröhre, Bronchien und Lungen werden nach draußen befördert. Von daher sollte das Husten als bedeutsamer Prozess der Selbstreinigung nicht unterdrückt werden.

Singen, Schreien und Pfeifen halten Lungengewebe und Atemmuskulatur geschmeidig. Als Ausdruck von Freude, Ausgeglichenheit und Zufriedenheit fangen Kinder häufig an zu singen. Wie wäre es, wenn Erwachsene umgekehrt ab und zu versuchten, durch spontanes Singen Ausgeglichenheit und Freude zu erreichen?

Ritualisiertes Weinen: Klageweiber

Atmen als Raum für sich

Wer nichts von sich gibt und hergibt, ist nicht lebensfähig. Wer nicht nimmt, nichts aufnimmt, auch nicht.
Bei der Atmung wird verbrauchte Luft vom Körper an die Umwelt abgegeben. Als bewusster Vorgang gibt eine Person etwas von sich her und etwas von sich ab. Bei der Atmung wird Luft vom Organismus aufgenommen und »eine Person nimmt sich die Luft, die sie zum Atmen braucht«. Die Atmung ist die Mittlerin zwischen einer Person und ihrer Umwelt. Dieser Austausch kann von ganz unterschiedlicher Qualität sein.

Raum einnehmen

Wenig atmen oder nicht richtig durchatmen kann mit eigener Zurücknahme, Angst, Spannung oder Beklemmung verbunden sein. Deutlich sind auch hier wieder die sprichwörtlichen Redewendungen: Einer Person bleibt in einer beklemmenden Situation die Luft weg oder die Atmosphäre war atemberaubend. Was passiert, wenn jemand sich aus Angst nicht traut, zu atmen? Was ist passiert, wenn jemand nicht mehr durchatmen kann? Welch ein anderes Atemgeschehen, wenn eine Person einen Seufzer der Erleichterung tut, wieder oder überhaupt tief durchatmen kann. Wie schön kann ein langer Atem sein, der zusätzlich von einem Lachen begleitet wird.
Atemräume sind Körperräume. Körperräume sind soziale Räume.
Mit einer flachen, auf die Brust konzentrierten, Atmung nimmt eine Person wenig Atem- und Körperraum ein. Sie weitet sich wenig in ihrem Körper aus und sie weitet sich wenig nach außen in den sozialen Raum hin aus. Mit einer tiefen Atmung, die Brust- und Bauchraum einbezieht, nutzt eine Person die ihr zur Verfügung stehenden Atem- und Körperräume. Sie weitet sich entsprechend in ihrem Körper wie auch in den sozialen Raum hinein aus. In der Atemschulung wird eine tiefe Atmung mit einem intensiven Austausch mit der Umwelt oder rein biologisch mit einem intensiven Gasaustausch, mit einer vollen Lebenskraft und Lebendigkeit gleichgesetzt. Die Art der Atmung spiegelt die momentane Befindlichkeit. Je nachdem, ob Menschen zornig oder freudig erregt, traurig oder deprimiert sind, verändert sich ihre Atmung: Sie wird eher erregt oder gehemmt, tiefer oder flacher sein.

Die Art, wie eine Person ihre Atem- und Körperräume besetzt und ihnen nach außen einen Ausdruck verschafft, ist sicher typbedingt. Sie ist aber vor allem durch eine lebensgeschichtlich erworbene Haltung geprägt.

Wie atmet das Veilchen im Moose, bescheiden, sittsam und rein und wie atmet ein Lebewesen, das seine Bescheidenheit als Zier abgelegt und gemerkt hat, dass es auch ohne sie geht? Laut-Sein und Kraft haben Räume ganz unterschiedlicher Art besetzt: Laut-Sein fordert Atemvolumen und weitet sich in sozialen Räumen aus. Laut-Sein bedeutet, die Kraft für eine tiefe Einatmung zu haben und gegen einen bewusst aufgebauten Druck schreiend auszuatmen. Voluminöses, nicht schrilles Laut-Sein besetzt obere und untere Atem-Körper-Räume. Kraftvolle Bewegungen fallen auf. Gewichtheber schreien, wenn Sie das Gewicht hochreißen, um ihre ganze Kraft zu mobilisieren. Dies ist kein publikumswirksames Kalkül, sondern die Nutzung aller vorhandenen Reserven.

Laut-Sein und Kraft-Haben können von verschiedenen Seiten betrachtet werden: Für Menschen, die mit einem Gefühl des Sich-ständig-zurücknehmen-Müssens aufgewachsen sind, kann es eine große Herausforderung darstellen, laut zu sein. Es bedeutet, sich bemerkbar zu machen, mit der Stimme Raum zu besetzen und sich mit ihr durchzusetzen. Es bedeutet auch: »Hier bin ich«.
Kraft-Haben kann dann auch bedeuten, Kraft haben zu dürfen, etwas bewegen zu können und sich in dem eigenen Körper energetisch auf einem völlig anderen Niveau zu spüren. Laut-Sein und Kraft-Haben können so viel Raum einnehmen und mächtig sein, dass für anderes kein oder wenig Platz mehr ist. Für Menschen, die mit solch einer Energie groß geworden sind, kann es eine große Herausforderung darstellen, sich zurückzunehmen, ihren Raum zu verkleinern und anderen Menschen gleichberechtigt einen Raum zuzugestehen. Wie fühlt es sich an, nicht »auf 180« zu laufen, sondern die Energie herunterzufahren? – »Wovon nehme ich Abschied?« »Was gewinne ich dazu?«

Laut-Sein und Kraft-Haben werden immer noch eher dem männlichen Geschlecht zugeordnet. Wie fühlt es sich für Frauen an, wenn sie diesen Eigenschaften folgen?

Lust auf laut

Wie für Männer, wenn sie von diesen Eigenschaften abschweifen? Wie für beide, wenn sie sie situationsbezogen einsetzen?
Über die Geschlechtergrenzen hinweg gilt: Eine Menge Mut ist gefordert. Mut, sich für das Laut-Sein- und Kraft-Haben-Dürfen zu entscheiden. Wie es Mut kostet, sich gegen das immer Laut-Sein- und Kraft-Haben-Müssen zu entscheiden und den stilleren Tönen nachzuspüren.

Langer Atem

Macht den Atem lang!
In alter Zeit ging ein Ritter
über die Ryohgoku-Brücke
in einem Atemzug.
Ich sah tauchende Fischerfrauen,
die beim Tauchen den Atem
für viele Minuten anhalten konnten.
Und es gibt die Geschichte von einem
Schiffbrüchigen,
der unter Wasser war, bis er nach Tagen
in einem Netz hochgebracht wurde.
Dann erst schöpfte er wieder Atem. –
Langer Atem macht stark!
Okuda, Zen-Meister

Ü Atemräume dehnen und stärken

› Lockern Sie Schultern, Arme und Hände, bevor Sie mit den Dehn- und Kräftigungsübungen starten. Rollen Sie mit den Schultern, probieren Sie deren Bewegungsspielräume aus, schütteln Sie Arme und Hände aus, lassen Sie die Finger dabei »fliegen«. Machen Sie dies mit der Vorstellung, alles momentan Lästige weg- und abzuschütteln.

1 Brustmuskulatur dehnen

Sie können die folgenden drei Übungen im Stehen und im Sitzen ausführen. Achten Sie in jedem Fall darauf, dass Sie sich nicht ins Hohlkreuz ziehen: Also Po anspannen und sich in der Beckenschale aufrichten.
Lassen Sie die Arme in der Ausgangshaltung hängen. Dann drehen Sie die Arme nach außen, die Hände drehen mit. Schieben Sie die Schulterblätter nach unten und in Richtung Wirbelsäule. Halten Sie diese Spannung einige Atemzüge und lösen Sie sie wieder.
Bei dieser Übung wird ebenso der Schultergürtel mobilisiert und gekräftigt.

Strecken Sie die Arme in Schulterhöhe waagerecht zur Seite. Die Handflächen zeigen aufgerichtet zur Seite, können aber auch noch leicht nach oben gedreht werden.

Sieht nach wenig aus und wirkt

Stellen Sie sich vor, Sie wollten sich von den Handflächen ausgehend nach links und rechts in den Raum ausdehnen.
Spüren Sie die Dehnung im Oberarm, im Unterarm, in der Handinnenfläche, links und rechts. Dort setzt der Brustmuskel an. Halten Sie auch diese Spannung einige Atemzüge.

Mit der Mobilisation des Schultergürtels dehnen Sie gleichzeitig die Brustmuskulatur. Versuchen Sie hinter dem Rücken die Finger zu berühren oder zu greifen. Tun Sie dies, indem die linke Hand von oben und die rechte Hand von unten auf den Rücken fassen. Berühren sich die Finger nicht, können Sie sich im Pullover oder am Hemd festhalten. Hilfreich ist es auch, ein Tuch als Überbrückung in den Händen zu halten. Drücken Sie die Ellenbogen, so wie es Ihnen angenehm ist, nach außen. Wechseln Sie die Hände.

Schutz-Übung

› Einen Energieschutzmantel aus Ihrem Atem können Sie sich selbst schaffen.
Ausgangspunkt ist der körperökonomische Stand *(Seite 20)*, die Hände liegen auf Ihrem Bauch. Spüren Sie dem Atem nach.
Im nächsten Einatmen heben Sie den rechten Arm langsam entlang der Körpermitte bis zur Schulter, die Handinnenfläche zeigt locker nach unten. Im Ausatmen stoßen Sie den rechten Arm schnell mit einer Faust nach vorne und öffnen dort abwehrend die Hand. Weiter ausatmend bleiben Sie in dieser Position. Im Einatmen ziehen Sie den Arm zum Ausgangspunkt am Bauch zurück und die Energie mit der Hand hochziehend wieder nach oben. Im Ausatmen stoßen Sie wieder nach vorne.
Wechseln Sie rechten und linken Arm ab und erweitern Sie allmählich den Schutzraum: nach oben, zur Seite, schräg nach hinten.
Vergessen Sie nicht: Ausatmen dauert länger als Einatmen!

Der Gesundheitsliegestütz im Stehen

Die folgende Übung hilft, die vielen Anteile der großflächigen Brustmuskulatur zu dehnen. Sie wird im Stehen an einer Wand ausgeführt. Stellen Sie sich etwas mit einer halben Armlänge Abstand und in Schrittstellung seitlich zur Wand. Das zur Wand zeigende Bein steht vorne. Das Gewicht ist gleichmäßig auf beiden Beinen verteilt, die Knie sind nicht durchgedrückt. Legen Sie die wandnahe Hand so in Schulterhöhe hinter sich an die Wand, dass die Finger von Ihnen weg zeigen. Das Ellenbogengelenk ist leicht gebeugt. In dieser Haltung bleibt der Oberkörper nach vorne ausgerichtet. Sie verstärken die Dehnung, indem Sie den Schultergürtel vorsichtig in den Raum drehen. Mit dieser Übung können Sie gut die einzelnen Anteile der Brustmuskulatur dehnen.

»Krabbeln« Sie mit den Fingern langsam die Wand hoch, maximal bis Kopfhöhe. Dann »krabbeln« Sie die Wand wieder hinunter. Die Wirkung der Übung geht verloren, wenn Sie die Schulter hochziehen. Bewegen Sie sich lieber weniger und Sie erreichen das, was gewünscht war.

Achten Sie auch darauf, dass Sie sich nicht ins Hohlkreuz ziehen. Dehnen Sie anschließend die andere Seite.

Wenn Sie an der Wand stehen und Ihre Muskulatur bereits gedehnt haben, bietet es sich an, den Gesundheitsliegestütz anzuschließen.

2 Gesundheitsliegestütz

Sie können diese kraftschonende und für die meisten Menschen rückenfreundlichere Art des Liegestützes auf dem Boden liegend oder an der Wand stehend ausführen.
Die zweite Art wird hier beschrieben: Sie ist für »zwischendurch« leichter mit in den Alltag zu nehmen. Die Knie werden weniger belastet und die Beanspruchung für die Muskeln ist nicht so stark, da sie nicht mit Ihrem ganzen Gewicht gegen die Schwerkraft arbeiten müssen.
Für ein intensiveres Üben ist der Liegestütz auf dem Boden zu empfehlen, wie Sie ihn wahrscheinlich im Kurs schon gelernt haben.

Stellen Sie sich mit überkreuzten Beinen mit der Vorderseite zur Wand. Ihr Abstand zur Wand beträgt eine Armlänge. Stützen Sie sich in Schulterhöhe an der Wand ab. Die Hände sind um etwa 45° nach innen gedreht, die Ellenbogen leicht gebeugt. Drehung und Beugung entsprechen der menschlichen Skelettstruktur. Wie aus anderen Übungen bereits bekannt, strecken Sie den Nacken; das Kinn zeigt zum Brustbein. Spannen Sie das Gesäß an. Das wird durch das Überkreuzen der Beine erleichtert und Sie vermeiden eine nicht körpergerechte Hohlkreuzbildung. Spannen Sie auch den Bauch an. Stirn und Nase führen den Oberkörper zur Wand, die Ellenbogen zeigen nach außen.

Sechs bis acht Wiederholungen sollten Sie sich gönnen, um Brust-, Arm- und Schultermuskulatur zu kräftigen. Kreuzen Sie die Beine auch mit dem anderen Fuß nach vorne. Sie können die Übung intensivieren, indem Sie die Entfernung zur Wand vergrößern. Vergessen Sie dann nicht, auch die Hände tiefer, in Schulterhöhe, zu setzen.

Der Gesundheitsliegestütz am Boden

Herausforderung

Die Aufforderung zu sechs- bis achtmaliger Wiederholung dieses Liegestützes können Sie auch als Herausforderung ansehen. Nicht selten wird bei dem Wort »Liegestütz« das Verhaltensmuster eingeschaltet: »Das kann ich nicht«. Frauen richten sich eher mit dem Gefühl ein, ihren eigenen Kräften nicht zu vertrauen; sich nicht zu trauen, sie einzusetzen. Befragungen haben ergeben, dass Frauen sich eher über das definieren, was sie nicht können, als über ihre Fähigkeiten.

3 Die Kräftigung des Bauches

Ob im Büro und zu Hause, als Busfahrerin oder Lehrerin: Alle folgenden Übungen können Sie auf einem Stuhl sitzend ausführen.
Die Bauchmuskulatur hat viele Aufgaben. Eine ist, mit der Bauchpresse die Ausatmung zu unterstützen.

Nehmen Sie eine körpergerechte Sitzhaltung ein. *Wie das geht, können Sie auf Seite 69 nachlesen.*

Die Arme hängen locker an der Seite. Spannen Sie den Po, die Rücken- und Bauchmuskulatur an und neigen Sie den so fixierten Oberkörper von der Hüfte ausgehend leicht nach hinten. Zeigt das Kinn weiterhin zum Brustbein? Halten Sie die Luft an? Atmen Sie bewusst aus und halten Sie die Spannung einige Atemzüge. Möchten Sie die Kräftigung intensivieren? Nehmen Sie die Arme zu Hilfe und beginnen Sie mit Ihren Bewegungen zu spielen. Sie werden merken: Je weiter Sie sich von Ihrem Körperschwerpunkt mit den Armen entfernen, desto mehr Muskelkraft müssen Sie aufwenden, um den Oberkörper zu halten.
Ein Maß, dass Ihnen zeigt, dass Sie sich nicht überfordern: Wenn Sie in der Lage sind, gleichmäßig weiter zu atmen, ist alles in Ordnung. Am besten reden oder singen Sie; dann läuft die Atmung ganz automatisch weiter.

Kräftigen Sie auch die schrägen Bauchmuskeln. Auf dem Stuhl sitzend legen Sie zunächst die rechte Hand auf das linke Knie.
Die Fingerspitzen zeigen nach links. Heben Sie das linke Bein etwas hoch und drücken Sie Knie und Hand zusammen. Achten Sie in der Spannung auf einen geraden Rücken und schieben Sie durch den Druck die Schulter nicht nach oben. Weiter atmen! Lösen Sie die Spannung nach einigen Atemzügen langsam auf und wechseln Sie Hand und Knie.

Sie bleiben in der gegengleichen Bewegung; nur wird es dynamischer. Bringen Sie im fließenden Wechsel linkes Knie und rechten Ellenbogen sowie rechtes Knie und linken Ellenbogen zusammen. Achten Sie auf einen geraden Rücken! ❮

Grenzerfahrungen

Dehnen und Kräftigen kann einen an die Schmerzgrenze bringen. Das ist an sich nichts Schlimmes. An Grenzen finden Erfahrungen und Entwicklungen, Auseinandersetzung und Lernen statt. Allerdings ist die westliche Kultur eine Kultur der Leistung und lebt nach dem Vorsatz: Von viel kommt viel. Auf die Übungen übertragen heißt das, dass die Grenzen der Belastung nicht akzeptiert, sondern überschritten werden. Schmerz entsteht. Vor dem Akzeptieren findet das Wahrnehmen statt.
Wahrnehmen können Sie nur, wenn Sie innerlich beteiligt sind. Wenn Sie dabei sind, wird es Ihnen nicht schwer fallen, zu unterscheiden: Zwischen einem ziehenden Dehnschmerz, der in Ordnung ist und einem stechenden Schmerz, der eindeutig Grenzüberschreitung bedeutet – und in den seltensten Fällen aus heiterem Himmel kommt.

Ü Ein Ritual für den Morgen: Der Gruß an Himmel und Erde

In der traditionellen Schule des Yoga werden die zwölf Stellungen zwölfmal wiederholt: am frühen Morgen und der Sonne zugewandt. So festgelegt brauchen Sie mit Tageszeit und Anzahl der Wiederholungen nicht umzugehen. Um sich in die Bewegungen und deren Rhythmus einzufinden, ist es sinnvoll, den Gruß sechs- bis achtmal zu wiederholen.

Legen Sie die Hände auf den Bauch und nehmen Sie wahr, wie sich einatmend die Bauchdecke nach vorne wölbt und wie sie ausatmend wieder einsinkt. Vielleicht erleben Sie eine kurze Atempause, bevor das nächste Einatmen ganz von alleine kommt. Lassen Sie den Atem auf diese Weise einige Male kommen und gehen, ohne sich dabei anzustrengen.

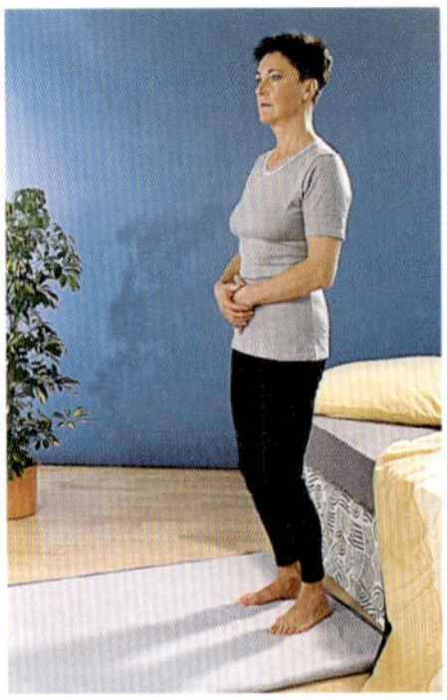

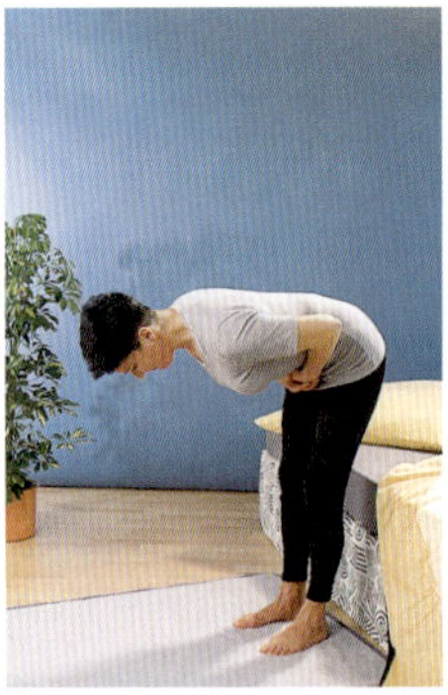

Der Weg zur »Erde« …

1 Beginnen

Erinnern Sie sich an den körperökonomischen Stand? *Auf Seite 20 ist er detailliert beschrieben,* hier noch einmal in aller Kürze: Er stellt die Ausgangshaltung für den Gruß dar. Die Füße stehen hüftbreit auseinander, die Zehen sind nach vorne ausgerichtet. Die Knie sind leicht gebeugt, nicht durchgedrückt. Die Beckenschale ist aufgerichtet, das Steißbein zeigt in Richtung Boden. Der Oberkörper richtet sich auf dem Becken auf. Die Arme können locker baumeln, die Schulterblätter nach unten in Richtung Wirbelsäule ihren Weg finden. Der Nacken trägt den Kopf. Das Kinn zeigt in Richtung Brustbein. Mit dem Boden als festen Grund können Sie sich in Richtung Himmel strecken.

Wie kann man ein Hohlkreuz vermeiden?

Es gibt grundsätzlich zwei verschiedene Möglichkeiten: Mit einem angespannten Gesäß können Sie nicht ins Hohlkreuz gehen.
Den Po anspannen schafft Kontrolle und ist mit einem Kraftaufwand verbunden. Wo Muskulatur statisch angespannt ist, wird auf Bewegung verzichtet. Wahrzunehmen ist, ob die Spannung durchgehend gehalten wird. Die andere Möglichkeit besteht darin, das Becken mit dem Steißbein in Richtung Boden sinken zu lassen. »Strecken Sie sich im unteren Rücken in Richtung Boden?« »Geben Sie Gewicht vom Becken an den Boden ab?« »Halten Sie sich in der Lendenwirbelsäule fest?« »Lassen Sie Spannung los?« Ist es auf jeden Fall angezeigt, den Po anzuspannen, ist es in der Übungsanleitung vermerkt.

2 Zum Himmel strecken

Stellen Sie sich darauf ein, mit dem nächsten Einatmen, den Po anzuspannen und die Arme in einem Bogen nach oben-hinten zu strecken. Lehnen Sie den Oberkörper so weit zurück wie es Ihnen angenehm ist und atmen Sie in dieser Haltung aus. Achten Sie darauf, dass Sie nicht ins Hohlkreuz fallen, um die Arme besonders weit nach hinten strecken zu können.
Der Weg der Hände zurück auf den Bauch geschieht in umgekehrter Richtung.

… und zurück zum »Himmel«

Vollziehen Sie ihn mit dem nächsten Einatmen und atmen Sie unten angekommen aus.

3 Parallel zum Boden

Strecken Sie einatmend den Po nach hinten und beugen Sie dabei den Rücken gerade nach vorne. Die Beugung erfolgt im Hüftgelenk. Sie haben in dieser Bewegung vielleicht zunächst das Gefühl, als ob Sie sich nach hinten auf einen Stuhl setzten. Das Kinn bleibt angezogen, die Hände bleiben am Bauch.

4 Zur Erde senken

Ist der Oberkörper parallel zum Boden, nehmen Sie die Spannung aus seiner Muskulatur und lassen ihn ausatmend sinken. Kopf und Arme hängen locker.

5 Zur Hocke kommen

Beugen Sie einatmend die Knie so weit, dass Sie die Hände vor sich auf den Boden setzen können. Lassen Sie sich bis in die Hocke zu Boden sinken. Kopf und Arme bleiben locker hängen. Kann der Kopf hängen oder halten Sie ihn im Nacken fest? In der Hocke angekommen, atmen Sie aus. Sinken Sie ausatmend noch etwas weiter zu Boden? Haben die Füße vollen Kontakt zum Boden?

Legen Sie sich eine kleine Deckenrolle unter die Fersen, wenn Achillessehne sich nicht bis zum Boden dehnt. Sie ersparen sich das anspannende Ausbalancieren in der Hocke und können stattdessen mit dem Ausatmen entspannen.

Himmel und Erde grüßen

»Surya namaskar«, der Sonnengruß, ist das Morgenritual des Yoga. Viele Kulturen haben ähnliche Rituale, mit denen Sie die Sonne begrüßen. Die Sonne hat die Kraft, durch Wärme und Licht Leben zu spenden und zu erhalten. Der Gruß an Himmel und Erde ist eine Möglichkeit, den Sonnengruß an die Körperökonomie ungeübter Europäer anzupassen. Haben doch Erde und Himmel auch unsere morgendliche oder abendliche Bewunderung verdient.

6 In den Fersensitz gelangen

Mit dem nächsten Einatmen verlagern Sie das Gewicht nach vorne und setzen Hände und Knie auf. Die Zehen strecken sich, so dass die Fußrücken auf dem Boden liegen. Anschließend setzen Sie sich auf die Fersen und richten den Oberkörper auf. Die Hände liegen am Bauch. In dieser Position atmen Sie aus.

7 Mit der Stirn den Boden berühren

Aus dem Fersensitz beugen Sie einatmend den Oberkörper nach vorne. Die Arme werden weit nach vorne geschoben. Die Stirn berührt den Boden. Der Weg zum Boden verkürzt sich, wenn Sie die Fäuste aufstellen und die Stirn darauf legen. Dort angekommen, atmen Sie aus.
Sie sind jetzt ganz am Boden angekommen. Mit den folgenden Stellungen richten Sie sich allmählich wieder auf.

8 Zurück zum Fersensitz

Einatmend finden Sie zum Fersensitz zurück und atmen aus.

9 Zurück zur Hocke

Sie verlagern einatmend das Gewicht so weit nach vorne, dass Sie die Hände aufsetzen und die Zehen aufstellen können. Verlagern Sie das Gewicht zur Hocke und lassen Sie Kopf und Schultern hängen. Kommt Ihnen diese Haltung bekannt vor? Ist Ihre Deckenrolle noch griffbereit?

10 Beine strecken

Setzen sie einatmend die Hände vor dem Körper auf. Strecken Sie die Beine. Die Knie bleiben leicht gebeugt. Der Oberkörper mit Kopf und Armen bleibt hängen. Dehnen Sie sich mit dem folgenden Ausatmen im Oberkörper noch weiter zum Boden?

11 Wirbel für Wirbel

Im nächsten Einatmen richten Sie die Wirbelsäule Wirbel für Wirbel über dem Becken auf. Dafür beugen Sie die Knie etwas stärker. Spüren Sie, dass das Becken sich mit nach vorne bewegt und sich dabei langsam aufrichtet? Mit der Beckenaufrichtung, können sich auch die Wirbel wieder übereinander organisieren.

12 Beenden

In der Ausgangshaltung angekommen, legen Sie die Hände auf den Bauch und atmen aus. Beenden Sie den Gruß in der Haltung, die Ihnen heute am angenehmsten ist. Ist es genau diese Haltung? Wechseln Sie sie ansonsten. Manchmal ist es nicht so einfach, die angenehmste Haltung zu finden. Gönnen Sie es sich, genau zu sein.

Sie können den Gruß auch in der Haltung beenden, die an diesem Tag die größte Herausforderung für Sie darstellt. Wie ist es, sich dieser Herausforderung zu stellen?

Verabschieden Sie sich langsam aus Ihrer Wohlfühl- oder Herausforderungshaltung. Ist Ihnen danach, sich noch einmal zu recken und zu strecken, noch einmal herzhaft zu gähnen, bevor Sie (wieder) in den Alltag einsteigen? Oder rollen Sie in die Rückenlage, räkeln Sie sich genüsslich, strecken Sie Arme und Beine zur Decke und schütteln Sie sie aus? ❮

Den Atem atmen lassen
Stellen Sie sich darauf ein, dass Ihre Atmung ganz von allein geschieht, kommt und geht. Sie können sich auch bei der Atmung darauf einstellen, lieber weniger zu tun. Im westlichen Kulturkreis atmen die meisten Menschen aktiver ein als dass sie ausatmen. Organisch ist Einatmung mit Spannung und Anspannung verbunden; Ausatmung mit Entspannung und Loslassen.
Durch die Ausatmung entsteht ein Überdruck im Rumpf. Im Bestreben, diesen auszugleichen, vollzieht sich das Einatmen ganz von alleine. Der Gruß an Himmel und Erde ist so formuliert, dass sich die Bewegung der Atmung anpasst und nicht umgekehrt. Mit dem Einatmen und dem Aufbau der Spannung gehen Sie in die Bewegung. Mit dem Ausatmen und dem Loslassen von Spannung verweilen Sie in einer Haltung.

Berühren

und berührt sein

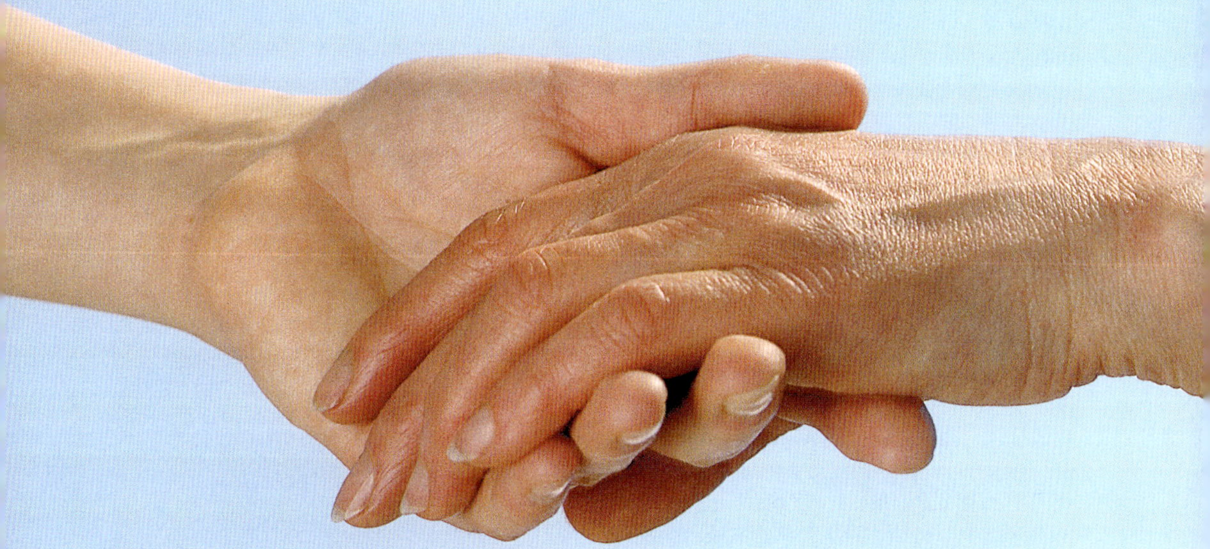

**Berührung spricht.
Sie spricht in Stimmen, die
lauter und klarer sind als
jeder andere Klang,
der jemals dem Zwerchfell
entwichen ist.**

S. Cohen

Ü Von sich berührt sein

› Staunen über die eigene Berührung, erstaunt sein über eigene Körperlandschaften, darüber, was den Händen alles zum Tasten und Fühlen angeboten wird: die Beschaffenheit der Haut, ihre Struktur und die der darunter befindlichen Knochen und Muskeln. Haben Sie schon einmal bewusst wahrgenommen, wie unterschiedlich warm sich Ihr Körper anfühlt, je nachdem, wo Sie ihn erkunden? Seine Rundungen und Kanten, seine Flächigkeit und seine Höhlen. Zarte Haut über harten Knochen ist ebenso aufzuspüren wie feste Gewebestrukturen.

1 Den Rücken berühren

Viel ist im vorherigen Kapitel über die Sinnlichkeit des Rückens erzählt worden. Wie wäre es, den Rücken berührend zu erforschen? Sollten Sie dabei Ihre Gelenkigkeit in den Schultern trainieren, ist das ein angenehmer Nebeneffekt, aber nicht vorrangiges Ziel der Übung. Es geht vielmehr um Erkundung: »Hey, ich habe einen Rücken!« Wäre das ein Motto für Sie? Ertasten Sie doch einmal sich selbst umarmend den Rücken. In der Umarmung sind Sie ganz nah bei sich. Beziehen Sie in einem ersten Impuls die Schultern in die Umarmung ein? Die Taille oder die Lende?
Oder beginnen Sie einfach den Rücken zu erfassen. Wo starten Sie? Wenn Sie im unteren Rücken beginnen, können Sie das fast knöcherne, dreieckig anmutende Kreuzbein fühlen. Zu beiden Seiten schließen die Beckenknochen, die Darmbeine an. Welche Fläche nimmt das Becken in Ihren Händen ein? Vielleicht lockt es Sie, diesen Teil des Rückens kreisend zu massieren, auszustreichen oder mit dem Handrücken zu beklopfen. In der Wirkung entspannend, regen Sie die Durchblutung der dahinter liegenden Organe an. Krämpfe während der Menstruation können auf diese Weise gelindert werden.
Die Wirbelsäule richtet sich über dem Kreuzbein auf. Die übereinander liegenden harten Dornfortsätze der einzelnen Wirbel sind deutlich unter dünner Haut zu spüren. Sie schwingen in abwechselnden Bögen nach vorne und nach hinten. Wie verändert sich die Muskel- und Gewebestruktur links und rechts der Wirbelsäule, von innen nach außen?
Nicht so leicht zugänglich zeigt sich der Rücken zwischen den Schulterblättern. Wollen Sie sich davon nicht beirren lassen, versuchen Sie mit dem Handrücken den Rücken hoch zu krabbeln. Wenn Sie dort ankommen: Wie erleben Sie die Berührung von Fingern und Rücken? Ertasten Sie die Form der Schulterblätter. Wo ist dieser dünne Knochenflügel zu spüren? Wo verlieren sich seine Konturen unter der Muskulatur?
Erfühlen Sie den Unterschied zwischen geschmeidiger und angespannter Muskulatur.

Je nachdem, welche Wege Finger und Hände gegangen sind, kann die Berührung am Rücken unterschiedliches Empfinden auslösen. Um diesem Empfinden klarer auf die Spur zu kommen, können Sie es für sich und die einzelnen Regionen des Rückens in Worte fassen. »Wie erleben Sie sich in Ihrem Rücken?«

Der Rücken zwischen den Schulterblättern entrückt leicht der Berührung und der Wahrnehmung

Nach dem Motto: »Da ist ja auch noch Rücken« kann es spannend sein, in seinem Erleben den »blinden Flecken« des Rückens zu folgen. Wo tut die Berührung einfach nur gut? Folgen Sie Ihrem Impuls; zwischendurch bei der Arbeit, im Gespräch mit Freundinnen oder alleine beim Duschen, intensiver als kleine Auszeit …

Erinnern Sie sich des »Rituals der Orientierung«, beschrieben im Kapitel »Den Tag beginnen« auf Seite 17? Unter dem Aspekt des Selbst-Berührens könnten Sie es erneut anschauen. Auch die Übung »Fußkontakte – Füße begreifen« erläutert auf Seite 31, greift dieses Thema auf.

2 Klopfmassage selbstgemacht

Können Sie sich vorstellen, noch eine andere Art der Berührung auszuprobieren? Klopfmassagen intensivieren die Durchblutung der Körperoberfläche und fördern so ein Gefühl der Wachheit. Durch die Anregung der Körpergrenzen kann ein Bild von der eigenen Ausweitung im Raum entstehen. Klopfmassagen sind einfach angenehm; wenn Sie grundsätzlich Gefallen daran finden.
Wollen Sie den ganzen Körper massieren, ist eine stehende Haltung sinnvoll. Wo ist Anregung gewünscht?
Starten Sie damit, die rechte Hand, den rechten Arm zu klopfen. Über die rechte Schulter – eine Art, sich einmal selbst zu loben? – geht es weiter über den Brustraum zur linken Schulter. Wie steht es hier mit Lob? Den linken Arm bis zur Hand hinab und wieder hinauf. Melden sich an dieser Stelle auch Nacken und Kopf mit dem Wunsch, massiert zu werden? Wie wäre es, sie vorsichtig zu »betröpfeln«? Passt die momentane Intensität Ihres Klopfens mit Ihrer augenblicklichen Stimmung überein? Halten Sie für eine kurze Überprüfung inne und weiter geht's. Von den Schultern führt Sie Ihr Weg beidseitig zunächst die Rückseite hinunter und hinauf. Häufig ist es angenehm, auf Kreuzbein und Po etwas stärker zu klopfen. Wie ist es bei Ihnen? Schenken Sie dem Brustraum noch einmal klopfende Aufmerksamkeit – vielleicht mit einem tönenden Ausatmen? Bewegen Sie sich über den Bauch abwärts streichelnd, streichend, klopfend? Über rechte und linke Hüfte werden nacheinander das rechte und das linke Bein behandelt. Beenden Sie die Übung dort, wo es die Finger noch einmal ganz von allein hinzieht. – Wie war's? ❮

»Wenn man weiß, was man tut, kann man tun, was man will.«
Moshe Feldenkrais

Berührung ist ein Prozess der Gegenwart. Berührend können Sie sich Ihrer selbst vergewissern und Bewusstheit für sich schaffen. Der Rücken als häufig blinder Fleck in der Körperlandschaft profitiert von dem reichen Erfahrungsschatz der im Tasten und Abtasten geübten Hände. Sie bieten dem Gehirn so die Möglichkeit, das Bild vom Rücken zu vervollständigen.
Wie organisieren Sie Ihren Rücken im Raum?

Aufforderung an den Alltag

▶ Wenn Sie wollen, können Sie die Übung für weitere Erfahrungen nutzen. Die erste Erfahrung ist die, wie Sie sich in Ihrem Rücken im Raum organisieren. Die zweite Erfahrung kann aus der Erkenntnis der ersten folgen – wenn Sie sich zu den Menschen zählen, deren unterer Rücken eher wenig beweglich ist. Unbeweglichkeit, die aus Druck von oben und unten entsteht, aus schwerem Oberkörper und starkem Kippen der Beckenschale nach vorne. Mit Hilfe der tastenden Hände können Sie die Lendenwirbelsäule zur Streckung nach unten einladen. Sie können auch das Becken zur Unterstützung einladen. Wenn es mit seinem eigenen Gewicht am Rücken hängen darf, zieht es die Lendenwirbel mit nach unten; ein sicherer Ort. Die Befreiung der Wirbel aus ihrer Enge schafft Weite in der Bewegung. Stellen Sie sich auch darauf ein: Das Loslassen im Rücken ist eine Aufforderung an den Alltag – und dauert.

Berührte Haut

Sicher kennen Sie das Gefühl, dass Sie die Begegnung mit einem Menschen berührt. Direkte Berührung kann sich dabei vollziehen, muss aber nicht. Berührt-Sein ist auch ohne tatsächlichen Kontakt und atmosphärisch möglich. Berühren können ebenso Anblicke der Natur. Eindrücke von Blättern und Wäldern, Steinen und Bergen, von Meer und Lichtverhältnissen finden Widerhall in Ihren inneren Bildern.

Berührt-Werden und Berührt-Sein können andererseits als so bedrohlich erlebt werden, dass es für das seelische Überleben notwendig ist, diese Erfahrungen aus dem Bewusstsein zu streichen. Berührung kann offenkundige Grenzüberschreitung und Machtausübung sein.

Haut ist viel mehr als nur die Grenze zwischen einem Körper und seiner Umwelt. Sie ist nicht geschlossen, sondern eher die Vermittlerin zwischen dem Innen einer Person und ihrer Umwelt – in beide Richtungen. Redensarten vermitteln auch diese Beziehung sehr eindrücklich: Berührt-sein geht »unter die Haut«. Kann tatsächlich keine Person »aus ihrer Haut heraus« oder wären nur die damit verbundenen Entscheidungen nicht gewünscht oder beängstigend? Es kann passieren, dass man sich in solchen Zeiten »in seiner Haut nicht wohl fühlt«. Erlebt man diese Situation bei anderen, möchte man nicht »in deren Haut stecken«.

Der Ausdruck Haut steht häufig stellvertretend für den ganzen Menschen: Sich »mit Haut und Haaren« einer Sache hingeben, meint völlig, ganz und gar. Eine »ehrliche Haut« bezeichnet einen aufrichtigen Menschen. Wenn etwas »zum aus der Haut fahren« ist, muss eine Situation schon sehr verzwickt und verzweifelt sein. Dieses Bild entspricht der sich häutenden Schlange. Könnte es nicht auch der Start für einen Neubeginn darstellen? Eine Aufforderung, mal wieder aus der Haut zu fahren?

Begrenzende Haut

Die Haut ist ein lebensnotwendiges Organ. Ca. 2 qm Haut erfüllen als größtes menschliches Organ vielfältige Aufgaben. Sie schützt die unter ihr liegenden Gewebe gegen physikalische und chemische Einwirkungen und Schäden von außen. Auch Krankheitserreger wie zum Beispiel Bakterien werden am Eindringen gehindert. Menschen häuten sich im wahrsten Sinne des Wortes vielfach. Etwa alle vier Wochen ist die oberste Hornschicht komplett erneuert. Würden alte Hautzellen nicht gleichzeitig abgestoßen, wären Sie in kurzer Zeit von einem Hornpanzer umgeben. Wasser- und Fettmoleküle sorgen dafür, dass die Haut feucht und geschmeidig bleibt. Sie ist entscheidend an der Regulierung des Wärmehaushalts des Körpers beteiligt. Blutgefäße der Haut übernehmen diese Aufgabe. Abhängig von den Wärmebedingungen im Körper selbst und der Umgebung verengen oder erweitern sie sich. Über die Haut wird Wasser verdunstet; dies ist auch eine Regulation des Wärmehaushalts. Haut atmet und sie hat noch mehr zu tun: Sie verhindert die Austrocknung des Organismus und unterstützt als Absonderungsorgan mit der Produktion von Schweiß die Nierentätigkeit. Mit der Aufnahme von Fett im Unterhautgewebe unterstützt sie als Speicherorgan die Organisation des Fetthaushalts.

Die Haut hält verschiedene Arten sogenannter Sinnesrezeptoren und Nervenenden bereit. Über eine halbe Million dieser Organe vermitteln ein unterschiedliches Empfinden von Druck, Schmerz und Temperatur. Rezeptoren und Nervenenden sind an den individuellen Berührungserfahrungen beteiligt und verknüpfen die vielfältigen Empfindungen zu einem Bild. Sie sind von Körperregion zu Körperregion unterschiedlich dicht gelagert: Relativ zur Körperoberfläche sind sie am dichtesten an Lippen und Händen und am wenigsten dicht im Bereich des Rückens zu finden.

Das Wissen um die Funktionen der Haut reicht allein aber nicht aus, um ein komplexes Geschehen wie die menschliche Berührung zu erklären. Nur ein geringer Teil der vielen, vielen Berührungsinformationen gelangt ins Bewusstsein. Das ist durchaus alltagstauglich. Stellen Sie sich vor, Sie sollten permanent registrieren, dass der Stoff Ihrer Kleidung Kontakt zur Haut hat. Ihre Empfangsbereitschaft hängt von weiteren Faktoren ab, sonst hätte Berührung immer dieselbe Qualität und dasselbe Ergebnis. Wo verweilen Sie gerade mit Ihrer Aufmerksamkeit und in welchem Spannungszustand befinden Sie sich momentan? Auch Ihr lebensgeschichtlich erworbenes Körper- und Berührungsgedächtnis bewirkt, dass Berührung nicht einfach Berührung bleibt.

Begegnung als Berührung

Körperkontakt und Berührung bilden die grundlegende Basis zwischen einem Erwachsenen, meistens der Mutter, und einem Kind. Von dieser Basis aus macht das Kind sich auf den Weg und entwickelt sich in der Auseinandersetzung mit der Umwelt zu einem selbstständigen und sozialen Wesen.
Nach der »Heiligsprechung« der Gerätemedizin scheint die Bedeutung von Hautkontakt wieder in das pflegende und versorgende Bewusstsein zu rücken. Säuglinge landen nach der Geburt

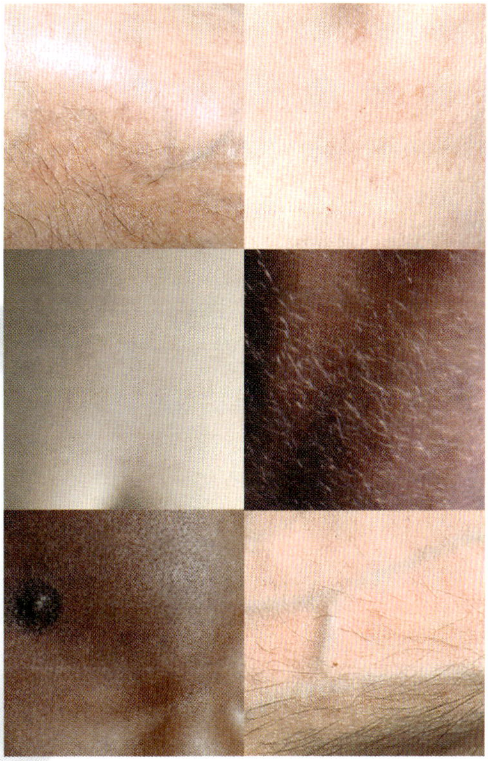

Haut ist vielfältig

nicht immer sofort auf der Waage oder in der Wiege, sondern werden auf den Bauch der Mutter gelegt. Zugewandte Berührung regt Wachstum und Entwicklung an. Unter dem Aspekt der Berührung und der direkten Beziehung haben sich auch das jahrelang propagierte alleinige Großziehen mit der Flasche relativiert. Fraglich wird es allerdings, wenn sich die Vorteile des Stillens zum Stillen-müssen entwickeln.
Stillen, im Arm wiegen und Tragen in liebevoller Atmosphäre ist Kommunikation in Form von Körperkontakt. Wenn ein Säugling, ein Kind diese Stimulation nicht oder nur unzureichend erfährt, kann dies eine frühe Erfahrung darstellen, nicht geliebt zu werden. Deren Folgen können bis ins Erwachsenenalter greifen: Möglich ist ein gering entwickeltes Selbstwertgefühl, das eine Person daran hindert, sich selbst wertzuschätzen und zu lieben. Wie soll jemand in der Lage sein, Zuneigung zu geben, die er sich selbst verwehrt?

Zusammenhang des Fühlens

Ihre Hände sind schlichtweg die Tastorgane, die Ihnen zur Verfügung stehen. So wie Sie die Füße bei einem Barfußgang erproben können, ist eine bewusste Anregung des Tastempfindens möglich. Und das quasi nebenbei: Bekommen Sie eine Idee davon, wie sich die Kleidung anfühlt, die Sie gerade tragen; das Brot, das Sie vielleicht heute morgen gegessen haben. Hat eine Tasse Tee oder Kaffee Sie zu Beginn des Tages ermuntert, in den Tag einzusteigen? Erinnern sich die Finger an die Struktur der Tasse?
»Die Fühl- und Formfähigkeit der Finger hängt entwicklungsgeschichtlich aufs engste mit den Funktionen des Denkhirns zusammen«
(Hugo Kükelhaus).
Sollte der Tastsinn tatsächlich das äußere Gehirn des Menschen sein?

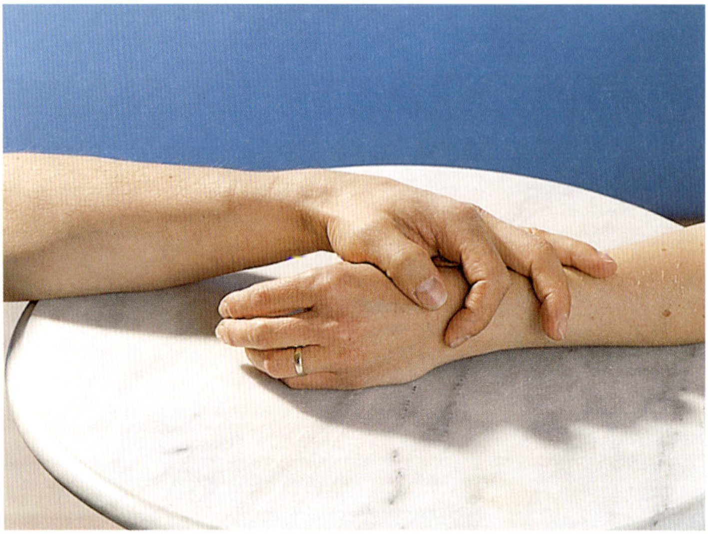

Berührung ist mit sehr unterschiedlichen Werten belegt. In der christlichen Tradition wird die Freude an körperlicher Berührung als moralisch abträglich, wenn nicht als Sünde geahndet. Die Lust an der eigenen Berührung gilt häufig immer noch als Tabu. In der Werbung ist das andere Extrem zu beobachten. Berührung und die Veröffentlichung von Haut werden auf ihren sexuellen Gehalt reduziert. Häufig aggressiv, wenig sinnlich – für den männlichen Betrachter präsentiert?

Bäder und Massagen gehören zu den ältesten Heilmethoden. Dies gilt auch für die Heilung von seelischen Erkrankungen. Alte Menschen leben häufig auf, wenn ihnen der Arm gestreichelt wird, sie in den Arm genommen werden. Patienten, die im Koma liegen, reagieren auf Berührung mit einer Veränderung des Herzschlags. Nichts erreicht den Menschen von der Geburt bis zum Sterben so intensiv wie eine Berührung der Haut. Alles was berührt, berührt auch über die Haut.
Manchmal sehr ausdrucksstark: Sie wird warm, heiß oder kalt, blass vor Zorn oder Angst, rot vor Aufregung oder Scham, bei einigen Berührungen stellen sich einem die Haare auf, es sträuben sich die Nackenhaare oder man bekommt eine Gänsehaut. Eine wohlige?

Die Sinne des Berührens, Greifens und Fassens entfalten sich in der Entwicklung eines Embryos zuerst. Es folgen das Hören und schließlich das Sehen. Kultur und Sozialisation drehen den Gebrauch der Sinne mit zunehmendem Alter um.

Berührung geschieht in Gemeinschaften. Wieviele Menschen kennen Sie, die alleine leben? Berührung ist Energie in Bewegung. Sie kann Wärme erzeugen, pulsieren, Neues in Gang setzen, neugierig machen. Eines ist sie ganz gewiss nicht: Stillstand.

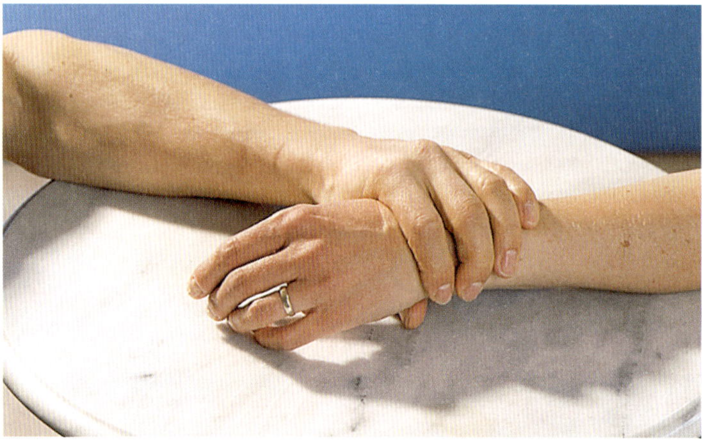

Berührung: in der Form ähnlich und doch völlig verschieden

Ü Berührung zu zweit – Hand auflegen

Es klingt absolut einfach und kann in der Wirkung höchst erstaunlich sein: Das Handauflegen lebt von der Langsamkeit. Es gilt eine klare Rollenaufteilung, bei der eine Person gibt und eine nimmt.
Im Liegen ist es meist leichter, alle gewünschten Stellen am Körper zu erreichen. Im Sitzen werden Sie etwas mehr mit einer angenehmen Lagerung experimentieren. Schaffen Sie eine Atmosphäre, die Berührung willkommen heißt: Angenehmes Licht, die richtige Wärme, die hautfreundlichste Decke ... Es ist hilfreich, wenn Ihr Lager von allen Seiten zugänglich ist. Halten Sie ein kleines Kissen für den Nacken bereit und eine zusammengerollte Decke für die Kniekehlen, oder für unter die Sprunggelenke. Auch die gebende Person sollte gut für sich sorgen und eventuell eine Unterlage bereithalten, falls sie eine knieende Position einnimmt.

Teilen Sie als nehmende Person Ihrer Partnerin mit, wo Sie jetzt am allerliebsten Hände spüren möchten.
Damit die Nehmende die Berührung flächig erleben kann, legen Sie als gebende Person die Finger geschlossen nebeneinander. Sie nehmen langsam, noch langsamer, mit der gewünschten Körperpartie Kontakt auf. Die Berührung erfolgt leicht und nicht unter Druck der Hände. Als Nehmende: Ist Ihnen der Druck bereits zu stark oder könnte er doch etwas kräftiger sein? Melden Sie sich. Weil Sie etwas bekommen, heißt das nicht, dass Sie etwas für sich Unangenehmes ertragen müssen. Die gebende Person muss nicht erahnen, welcher Druck für Sie gerade der angenehmste ist.

Lassen Sie die Hände ungefähr zwei Minuten lang möglichst ruhig liegen. Bedienen Sie sich dabei Ihrer inneren Uhr. Anschließend lösen Sie die Berührung so langsam, noch langsamer, wie Sie sie eingegangen sind.
Als Kontrast könnten Sie auch verabreden, die Kontaktaufnahme und deren Auflösung schneller zu vollziehen. Vergleichen Sie die unterschiedliche Wirkung.

Wo möchten Sie als Nehmende noch Hände spüren? An zwei oder drei weiteren Stellen? Gönnen Sie sich beide einige Momente für sich allein, bevor Sie die Situation beenden oder die Rollen tauschen. Zum einen, um die Berührung nachwirken zu lassen. Zum anderen, um Zeit für die Gebende zum Strecken, Recken oder Hände-Ausschütteln zu bekommen. Sie hat schließlich gearbeitet.

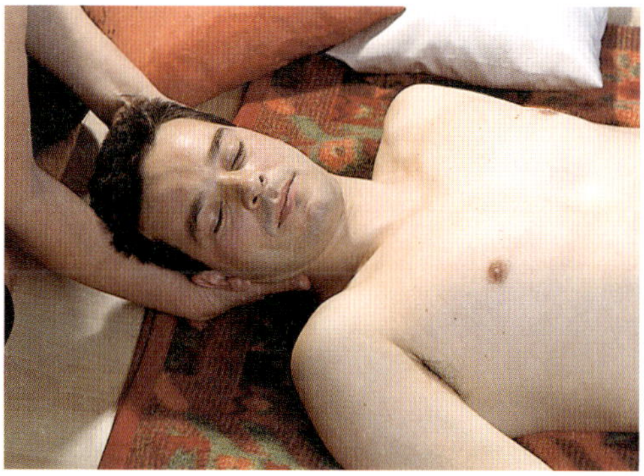

Abschied

Verwöhnen!

Haut wohlwollend begegnen und nicht wertend: betrachten, erkunden, erfühlen, ölen, duschen, salben, baden, cremen, bürsten, kneten, massieren, parfümieren, riechen, schmekken, streicheln, anpusten, knabbern, lutschen, dehnen – verwöhnen!

Über sich staunen

Die Menschen machen weite Reisen,
um zu staunen über die Höhe der Berge,
über die riesigen Wellen des Meeres,
über die Länge der Flüsse,
über die Weite des Ozeans und
über die Kreisbewegung der Sterne.
An sich selbst aber gehen sie vorbei,
ohne zu staunen.
(Augustinus 354-430 n. Chr.)

Ü Rücken an Rücken: Berührende Kommunikation

› Kennen Sie die Situation? Sie sitzen mit einer vertrauten Person Rücken an Rücken am Rand einer Wiese, am Strand oder zu Hause auf dem Sofa, einfach weil es schön ist, so zusammenzusitzen.
Was als gemütliches Anlehnen beginnt, kann sich zu einem rückwärts gerichteten Gespräch entwickeln. Sie könnten auf gegenseitige Entdeckungsreise gehen.
Haben Sie noch den Moment in Erinnerung, an dem sich die beiden Rücken berührten? Mit welchem Teil Ihres Rückens fand dieser erste Kontakt statt? Rücken sind breit und schmal, weich und hart, knochig, kantig und rund, schmiegsam und geschmeidig, eher unbeweglich und steif, warm und kalt. Wie war Ihr erster Eindruck? Ihr erstes Empfinden? Abhängig von der Tagesform sind Rücken sowohl das eine wie auch etwas anderes. Kaum vorstellbar, dass sie nur entweder so oder so sind. Welche Qualitäten entdecken Sie Rücken an Rücken sitzend? Oder ziehen Sie es gerade vor, Rücken an Rücken gelehnt zu stehen? Nehmen Sie wahr, wo Kontakt stattfindet und wo nicht.
Es kann sein, dass aus Ihren Erkundungen eine fließende Bewegung entsteht. Kleinere Bewegungen wechseln sich mit größeren Bewegungen ab. Mal ist Energie kraftvoll, herausfordernd zu spüren, dann wieder sanft und vorsichtig. Auf welche Berührungen verspüren Sie Lust und Neugier?
Wer von Ihnen beiden gibt einen Bewegungsimpuls? Es ist auch möglich, dass Sie sich in Ihren Rollen »die Bewegung anführen« und »der Bewegung folgen« abwechseln. Ebenso ist es möglich, dass in Phasen nicht mehr wahrzunehmen ist, wer führt und wer folgt: Die Rollen scheinen in einer gemeinsamen Bewegung aufgehoben.

Lassen Sie Ihre Kommunikation ohne Worte allmählich ausklingen. Wie erleben Sie den Moment der Trennung von der Berührung? Wie trennen Sie sich?
Bevor Sie wieder Kommunikation über Sprache betreiben: Gönnen Sie sich ein paar Momente allein und lassen das Was und das Wie im Erleben der Berührung nachwirken. ‹

Berührungserfahrung
Berührung mit einer anderen Person stellt immer ein wechselseitiges Geschehen dar. Der Wunsch nach Körperkontakt und Nähe geht auf das kindliche Bedürfnis nach Gehalten-Werden und Schutz zurück. Erfahrungen mit Nähe, Berührung und auch Distanz sind oft von widersprüchlichen Erinnerungen geprägt. Ist auf den Wunsch nach schützender Nähe mit Ablehnung oder sogar körperlicher Gewalt reagiert worden, ist es möglich, dass spätere Erfahrungen mit Berührung von Ängsten nach Verletzung oder Ablehnung begleitet sind. Körperübungen stellen eine Möglichkeit dar, das Berührungsfeld wieder neu zu »beackern«.

Den Tag beenden

Liegen
Ruhen
Ausgebreitet sein
Ausgestreckt sein
Sich ausdehnen
Sich erstrecken
Sich hinziehen
Lagern
Einen Platz einnehmen
Daliegen
Alle Viere von sich strecken
Sich aalen
Angenehm sein
Gelegen sein
Behagen
Genehm sein
Weilen
Sich aufhalten
Sich befinden
Sein

Ein Ritual für den Abend: Zum Liegen gelangen

› Wie Sie sich spiralig vom Stehen zum Liegen drehen können, haben Sie schon gelesen *(Seite 16)*. Ein anderer Zeitpunkt bietet Gelegenheit für eine andere Variante.

1 Luft

Beginnen Sie mit einem ausgiebigen Räkeln und Strecken und pflücken Sie sich noch schnell die Sterne vom Himmel, indem Sie sich ganz weit nach oben strecken. Das Luftelement fordert ein letztes Mal für diesen Tag Ihre Energie und Beweglichkeit. Wenn Ihnen danach ist, können Sie sich so gestreckt auch vom Wind schaukeln lassen. Kosten Sie es aus, sich an diesem Tag noch einmal nach außen zu öffnen.

2 Feuer

Haben Sie den Eindruck, sich am ganzen Körper zu dehnen? Dann ist es Zeit, die Arme sinken zu lassen und mit dem Oberkörper langsam der Schwerkraft nach unten zu folgen. Es ist Zeit, sich nach innen zurückzuziehen. Das Kinn sinkt Richtung Brust. Kopf und Arme ziehen von oben den Rücken ganz langsam herab.
Um mit den Händen am Boden Halt zu finden, müssen die Knie leicht einwinkeln. Ihr Po ist die höchste Erhebung in dieser Haltung.
Eine gute Gelegenheit, diesem Bewegungsimpuls zu folgen und den Schwerpunkt Ihres Pos vorsichtig nach hinten zu verlagern. Sie winkeln die Knie noch weiter ein, bis Sie sich in der Hocke befinden. Was können Sie tun, um diese Haltung für sich angenehmer zu machen? Wenn Sie Lust haben, einen kleinen Augenblick darin zu verweilen, können Sie sich gut auch vorstellen, die Energie des Feuers in sich zu konzentrieren, um Bauch und Becken schön zu wärmen. Schließlich beginnt die Zeit, Ihre Kraft ganz für sich alleine neu zu schöpfen.
Wenn Sie das Bild nicht mögen, suchen Sie sich ein anderes oder machen in der Bewegung einfach weiter.

Luft holen

Feuer wärmt

Gedanken und Gefühle davonschwimmen lassen

Erde bringt Kraft

Anders als beim Gruß an Himmel und Erde *(siehe Seite 102)* bestimmt nicht der Atem Ihren Bewegungsrhythmus, sondern Ihre Entscheidung, noch zu verweilen oder sich mehr in sich zurückzuziehen.

3 Wasser

Die Hände stützen sich noch immer vorne ab. Schieben Sie sie nur so weit von sich, bis Sie Ihre Knie nach vorne kippen lassen können und sich der Schwerpunkt in die Rückenmitte verlagert. Auf allen vieren haben Sie die Möglichkeit, sich von den Wellen der Wasserenergie tragen zu lassen. Möchten Sie es auskosten, Ihren Rücken darin ein wenig zu wiegen? Es ist Zeit, noch einmal den Gefühlen und Gedanken dieses Tages nachzuträumen, um sie dann einfach vorbeiziehen zu lassen. Heute war heute und morgen kommt ein anderer Tag.

4 Erde

Wenn Sie genug davon haben, rutschen Sie die Hände weiter nach vorne, bis der Rücken langgestreckt auf den Beinen ruht. Der Schwerpunkt schiebt sich ein Stück mit nach vorne. Vielleicht ist dies für Sie eine gute Haltung, um sich Kraft aus der Erde zu holen. Genießen Sie, wie sich der Atem in den schützenden Rücken ausdehnt.
Womöglich gefällt Ihnen das Bild einer Erdhöhle, gemütlich dunkel und geschützt. Unter Umständen können Sie mit dem Bild einer Muschel mehr anfangen, die sich in ihre Schale zurückzieht, außen ganz hart und innen ganz weich.

Vielleicht ist Ihnen die Haltung aber auch schnell zu anstrengend, der Kopf zu weit nach unten, die Stirn liegt zu hart oder die Beine bekommen nicht genügend Blut. Das macht nichts, rutschen Sie Ihre Hände einfach noch weiter nach vorne, bis sich die Beine lang strecken müssen und Sie flach auf dem Bauch liegen. Auch hier sind Sie der Erde nah.

Wenn Sie sich genug geschützt fühlen, drehen Sie Ihr Becken, bis Beine und Oberkörper ihm in die Rückenlage folgen. Jetzt sind Sie in der Lage angekommen, die Ihr Rücken Ihnen danken wird. Es ist Zeit, ihm Aufmerksamkeit zu schenken. ❮

Die vier Elemente zum Kräftesammeln

▸ Ein anderer Zeitpunkt, ein anderes Ziel, und doch fast die gleiche Übung. Wenn Sie das Bild der vier Elemente mögen, dann können Sie es auch nutzen, um Kraft zu sammeln und nach außen zu tragen. Die Reihenfolge ist einfach umgekehrt. In der Erdhaltung sammeln Sie Kraft. Aus der Erdhaltung gehen Sie auf alle Viere in die Wasserhaltung, um Ihren Gefühlen nachzuspüren. Vom Wasser geht es weiter in die Feuerhocke, in der Sie mit dem Atem das Feuer größer werden lassen können, bis es fast von selbst den Po in die Höhe schiebt. Von dort richten Sie sich Wirbel für Wirbel langsam auf. Das Luftelement können Sie nutzen, um sich darin zu wiegen, zum Tanzen inspirieren zu lassen oder sie können es schneiden wie mit einem Schwert, um sich Ihren Weg zu bahnen. Was tut Ihnen gut? Was entspricht Ihrer Stimmung?

Ü Ein Ritual für die Dämmerung

Spiralig rollen wie ein Kind

Spirale über den Rücken

› Am Rücken angekommen, wäre es eine schöne Möglichkeit, den Rücken drehend, rollend und schaukelnd zu erfahren.

Womöglich gehören Sie zu den Menschen, die sich manchmal oder auch öfters nachts im Bett hin und her wälzen, weil Sie nicht einschlafen können? Den Kopf voller Sorgen oder auch voller überflüssiger Gedanken an Dinge, die Sie jetzt nicht ändern können? Je mehr Sie darüber nachdenken, dass es jetzt Zeit zum Schlafen wäre, um so wacher fühlen Sie sich? Eine Möglichkeit, Ihr Dilemma vielleicht zu beenden, ist, das Wälzen zum Prinzip zu machen.

Rollen Sie sich in die rechte Seitenlage. Winkeln Sie Arme und Beine in die Embryohaltung ein. Wenn Sie mögen, ergötzen Sie sich einen Augenblick daran, so klein sein zu dürfen.

Der oben liegende linke Arm führt die Bewegung an und beschreibt einen weiten Kreis hinter dem Kopf: Ihr Radius, den Sie auch beim Schlafen brauchen.
Erst folgt die linke Schulter, dann der Brustkorb. Dann folgen die linke Hüfte und das linke Bein. Jetzt die rechte Hüfte und das rechte Bein. Zuletzt kreist der rechte Arm so wie zuerst der linke Arm im weiten Kreis hinter dem Kopf entlang, bis Sie ganz auf der linken Seite liegen.

Suchen Sie sich den Rhythmus, in dem Sie mehrmals von einer Seite auf die andere Seite rollen möchten.

Ihre Aufmerksamkeit gilt ganz dem körperlichen Geschehen: Wo spüren Sie Spannung? Wo spüren Sie Dehnung? Wo ist die Bewegung fließend? Wo stoppt die Bewegung? Wenn die Bewegung stoppt, stoppen Sie nicht auch Ihre Atmung, sondern atmen Sie bewusst aus.
Auf diese Weise kann sich Spannung lösen.

Dämmerung
Die Zeit der Dämmerung ist die Zeit zwischen Tag und Nacht, zwischen Aktivität und Passivität, zwischen Spannung und Entspannung, zwischen dem Der-Welt-zugewandt- und dem Ganz-bei-sich-Sein.

Die Spirale über den Rücken ist ein Stück Dämmerung: Bei sich und weltoffen sein, im Übergang von einem zum anderen. Wenn es Ihnen wie vielen so geht, dass es nachts so schwer ist, bei sich zu bleiben, wie es tagschwer sein kann, sich aufmerksam der Welt zu widmen, schaffen Sie sich ein kleines Ritual, um die Dämmerung bewusst mitzuvollziehen.

Worin unterscheidet sich die Bewegung nach rechts und nach links?

Vielleicht ist es Ihnen ein inneres Bedürfnis, in der Spirale innezuhalten? Statt klein wie ein Embryo eingerollt, sind Sie weit der Welt geöffnet, wenn ein Arm mit der Schulter schon zur Seite gedreht ist, während die Hüfte noch zu anderen Seite zeigt. Um sich in diesem Moment zu aalen, brauchen Sie vermutlich ein gutes Polster unter dem Knie, bevor Sie die Bewegung wieder aufnehmen.

Genug davon? Führen Sie die Bewegung weiter bis in die Seitenlage, strecken Sie Arme und Beine weit von sich. Drehen Sie sich nach Belieben auf den Rücken und spüren Sie den Empfindungen in Ihrer Rückseite nach. ❮

Ü Rücken rollen oder schaukeln

1 Rollen

❯ Wie wäre es, das Rollen von einer Seite auf die andere noch einmal anders zu versuchen? Wichtig ist, dass der Boden, der Sie trägt, fest und angenehm weich zugleich ist. Ein weicher Teppich auf der Erde und eine weiche Wolldecke darüber können eine gute Grundlage ein. Stellen Sie in der Rückenlage die Beine gemächlich nacheinander auf, indem Sie die Ferse langsam zu sich hinziehen. Bei dieser Gelegenheit schieben Sie in einer kleinen Bewegung den Po so weit nach hinten, dass der Rücken gerade auf dem Boden gestreckt wird, ohne Hohlkreuz. Jedes Knie kann für sich nun weiter in Richtung Bauch gezogen werden. Mit ihren Händen umfassen Sie die Knie. Was ist Ihnen angenehmer, von außen oder von innen zu den Knien durchzugreifen, die Beine enger zusammen zu halten oder weiter auseinander fallen zu lassen, die Hände auf die Knie oder in die Kniekehlen zu legen? Probieren Sie es aus!

Das Kinn zeigt dabei ein wenig in Richtung Brustbein. Ganz von selbst werden Sie beim Ausprobieren ein wenig nach rechts und nach links gerollt sein. Rollen Sie mit vollkommener Aufmerksamkeit in kleinen Bewegungen nach rechts, zur Mitte zurück und dann nach links. Lassen Sie die Bewegungen ruhig größer werden, bis Sie auf die Seite kippen.
Fühlen Sie sich an Kinderspiele erinnert? Nur zu, wenn es Ihnen gut tut, spricht nichts dagegen.
Falls Sie zu den Menschen gehören, deren Beckenmuskeln und Hüftgelenke besonders beweglich sind, können Sie noch eine Variante einbauen, indem Sie mit den Händen die Füße fassen, statt die Knie. Einzige Bedingung beim Ausprobieren: In dieser Übung rollen Sie immer die gesamte Wirbelsäule gleichzeitig über die Längsachse. Ist es ungewohnt, über die Längsachse zu rollen? An welchen Stellen geben Sie Druck an die Unterlage ab?

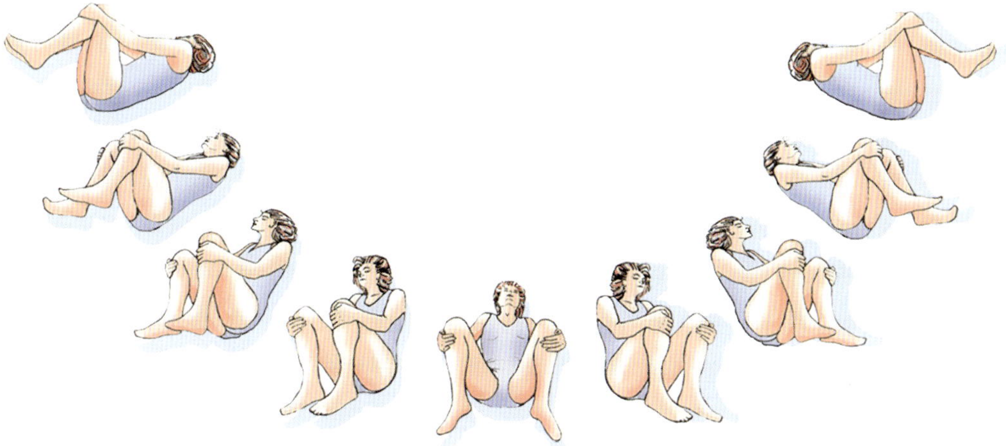

Rollen von Seite zu Seite, Erfahrungen mit der Symmetrie des Körpers

An welchen Stellen stoppt Ihr Rollen? Wenden Sie keine Kraft auf, um über diese Stellen zu rollen. Atmen Sie gezielt aus, vielleicht rollen Sie dann schon von selbst weiter. Wo sind Bereiche in Ihrem Rücken, die beim Rollen übersprungen werden?
Fällt es Ihnen leichter, über die linke oder über die rechte Körperseite zu rollen? Gibt es Bereiche, die Ihnen unangenehm sind, oder Ihnen sogar Schmerzen verursachen? Nehmen Sie Schmerzen als Warnhinweis und rollen Sie dann nur bis zu diesem Punkt.
Gelingt es Ihnen, sich wie ein Kind zu wiegen? Langsame Rollenbewegungen können über Augen- und Kopfbewegungen, einen leichten Druck der Finger auf die Knie, richtungsgebende Impulse mit den Zehenspitzen oder Drehungen in den Fußgelenken eingeleitet werden. Immer aber ist es die vollständige Seite, die symmetrisch hin und her gerollt wird. Dynamischeres Rollen kann über Impulse aus der Achse von Wirbelsäule und Becken initiiert werden.
Was fällt Ihnen leichter? Was ist besonders ungewohnt? Finden Sie ein Bild, mit dem Sie das symmetrische Rollen begleiten möchten?
Genug gerollt? Sie stellen die Beine auf. Lassen Sie sie nacheinander faul zum Boden rutschen, indem Sie die Ferse von sich weg schieben, bis die Beinrückseite gut aufliegt. Erfahren Sie Ihr Rückengefühl.

2 Schaukeln

Weil es so schön war, finden Sie hier noch eine andere Variante, sich zu schaukeln. Dieses Mal sind Sie eingeladen, die Füße auf eine noch faulere Art und Weise aufzustellen. Ein Knie rollt nach außen. Wie von einem Faden gezogen wird das Knie seitlich nach oben bewegt, bis das Hüftgelenk das Knie von selbst zur Mitte heranzieht. Jetzt ist das andere Knie an der Reihe. Wieder umfassen die Hände die Knie oder fassen in die Kniekehlen. Welche Variante, die Beine Richtung Bauch zu ziehen, gefällt Ihnen besser?
Während Sie vorhin den Rücken als Ganzes gedreht haben, wird er jetzt in sich gedreht.
Der Bewegungsimpuls geht vom Kopf aus.
Der Kopf dreht langsam nach rechts. Es folgt langsam die rechte Schulter, dann das umfasste rechte Knie. Das linke Knie kommt hinterdrein, bis die rechte Seitenlage eingenommen ist.
Mit der Drehung des Kopfes nach links wird die Gegenrotation eingeleitet. Schulter, linkes Knie, rechtes Knie folgen nacheinander, bis schließlich die linke Seitenlage eingenommen ist.

Wahrscheinlich ist es anfangs nicht einfach, den Unterschied zwischen dem Rollen über die Längsachse und dem Schaukeln in der Rückendrehung nachzuvollziehen. Möglicherweise ist die Bewegung ungewohnt. Lassen Sie sich Zeit, durch langsame Bewegungen den Unterschied nachzuvollziehen.
Genug geschaukelt? Lassen Sie die Beine auf die noch faulere Art den Weg zum Boden finden und genießen Sie Ihr Rückengefühl. ❮

Schaukeln in der Drehung, Erfahrungen zur Mobilisation der Wirbelsäule

Eine schaukelnde Wohltat für Ihre Bandscheiben

Die Rotationsbewegung der Wirbelsäule in der spiraligen Drehung bewirkt eine Mobilisation der Wirbelgelenke. Dabei werden die Muskulatur der Zwischenwirbel und die oberen Schichten der Rückenmuskeln gedehnt. Durch die Rotation besteht die Möglichkeit, dass alle Regionen des Rückens Kontakt zum Boden aufnehmen können. Die fließende Form der Bewegung dürfte auch einer belasteten Bandscheibe keine Probleme bereiten.

Erholung gönnen

Ist es wirklich nur Bewegungsmangel oder auch Liegemangel, der zu körperlichem Mißbefinden beiträgt? Ob Wirbelsäule, Gehirn oder Kreislauf, Liegen ist nicht einfach nur passives Faulsein, sondern eine zentrale Funktion des Körpers.
Es ist vor allem die Veränderung der Schwerkraft, die eine wichtige Rolle spielt.

Stufenlagerung entlastet zusätzlich

Knorpel ernähren

Liegen ermöglicht den Druckausgleich der Bandscheiben und Zwischenwirbelräume. Mindestens sieben Stunden täglich auf dem Rücken oder der Seite zu liegen, ist bei einer normalen Rückenbelastung die Voraussetzung, um die Funktionsfähigkeit der Wirbelsäule zu erhalten. Höher belastete Rücken brauchen möglicherweise mehr Liegezeit, vorausgesetzt, die Lage stimmt *(siehe Seite 71f.)*.
Der verminderte Druck auf den Gallertkern beim Liegen auf dem Rücken oder der Seite ermöglicht, Wasser durch Diffusion in die Bandscheiben einzulagern und so ihre Elastizität zu erhalten. Ohne diesen Ausgleich wäre die Belastungsgrenze der Wirbelsäule schnell erreicht.

Werden die Beine in der Stufenlagerung hoch gelegt oder der Rücken durch das An-den-Bauch-Ziehen der Beine gestreckt, vermindert sich der Druck auf die Bandscheiben weiter. Der Rückfluss des Gewebewassers in den Gallertkern wird ein wenig beschleunigt.

Zwar haben auch Tiere das Bedürfnis zu liegen und zu ruhen, aber die Rückenlage ist das spezielle Gegenstück zur Aufrichtung des Menschen. Sich so extrem entgegen der Schwerkraft der Erde zu bewegen, ist letztlich nur möglich, wenn durch Liegen ein erholsamer Ausgleich geschaffen wird.

Was für die Bandscheiben bereits erforscht ist, gilt wahrscheinlich für alle Knorpel, die ausschließlich durch Diffusion aus dem umliegenden Gewebe ernährt werden können: Gelenke benötigen zum Erhalt ihrer Funktionsfähigkeit einen angemessenen Wechsel von Bewegung und Entspannung. In der Bewegung wird die umliegende Muskulatur gestärkt, das Gelenk beweglich gehalten. In der Entspannung wird das Knorpelgewebe mit Mineralien und Nährstoffen versorgt. Liegen ermöglicht im Ideal eine Entlastung aller Gelenke gleichzeitig.

Kreislauf entlasten

Im aufrechten Gang arbeitet der Herzmuskel ebenfalls gegen die Schwerkraft an. Zentrale Funktionen wie die Blutversorgung des Gehirns und der Sauerstoff- und Kohlensäureaustausch in der Lunge erfordern, dass das Herz gegen die Schwerkraft Blut nach oben pumpt. Gleichzeitig erfordert der Rückfluss des Blutes aus den Venen von Beinen und Armen, gegen die Schwerkraft durch das Vakuum Blut anzusaugen. Venenklappen und kleine Muskeln verhindern zwar das ungehinderte Zurücksacken des venösen Blutes, aber die Saugleistung des Herzmuskels leistet die Hauptarbeit.

Anders ist dies im Liegen. Die Schwerkraft als zusätzlicher Faktor ist unbedeutend. Das Herz kann seine Arbeit mit weniger Anstrengung leisten. Die Beine nach oben zu strecken oder hoch zu lagern, regt den Rückfluss sogar mit der Schwerkraft an.
Die Körperphysiologie ist zwar auf die Schwerkraft der Erde eingestellt, aber eben auch auf die Entlastung durch Liegen.

Nerven herausfordern

Im Liegen verändert sich die Menge der Wahrnehmungsreize von außen. Die Qualität der subjektiven Empfindung nimmt zu. Das Vermögen, Sinneseindrücke des Körpers zu differenzieren, ist im Liegen deutlich ausgeprägter. Komplexe Bewegungsmuster lassen sich aufmerksamer beobachten. Das Körperbild wird genauer. Kein Wunder, wenn Ihnen eine Bestandsaufnahme Ihrer Befindlichkeit im Liegen leichter fällt als im Stehen oder Gehen!

Während Sie liegen, verändern sich alle Informationen, die Ihr Nervensystem über die Stellung der Körperglieder, Muskeln und Gelenke im Raum erhält. Die Ordnung und Koordination der Wahrnehmung im Stammhirn ist eine zentrale Leistung des Gehirns. Veränderungen der Lage können als eine Art Gehirntraining verstanden werden. Solche Anforderungen scheinen das Gehirn zu Denkleistungen anzuregen. Kein Wunder, wenn Ihnen jetzt so manches durch den Kopf geht oder wieder einfällt, was Sie tagsüber vergessen haben.
Noch wichtiger ist Schlaf für Ihr Gehirn. Während viele Körperfunktionen auf Sparflamme arbeiten, ist das Gehirn extrem aktiv. Die Wichtigkeit wurde deutlich, als man erforscht hat, dass länger anhaltender Schlafentzug sogar zu psychischen Störungen führen kann.

Über die genauen Vorgänge gibt es viele nur schwer beweisbare Theorien. Durchaus möglich ist es, dass das Gehirn während der Schlafphasen seine Funktion selbst überprüft.
Im Wachzustand werden beständig bestimmte Synapsen, das sind die Stellen, an denen zwei Nervenenden miteinander in Kontakt treten, aktiviert. Um so erfolgreicher eine bestimmte Tätigkeit gelernt ist, um so fester ist die Verbindung der zugeordneten Nervenenden. Damit wird aber auch die Verbindung anderer Synapsen, die Möglichkeit Neues zu lernen, unwahrscheinlicher.

Während des Schlafes, vor allem während des traumlosen Tiefschlafes, scheint das Gehirn unkontrolliert meist nicht genutzte Verbindungsmöglichkeiten auszuprobieren und frei zu assoziieren. So erhält es sich – besagt eine von vielen Theorien – die Lernfähigkeit für Neues.

Ein Nickerchen in Ehren ...

- Viele Funktionen des Schlafes für das Gehirn sind ungeklärt. Sicher ist jedoch, dass nur die ausreichende Abwechslung von Traumphasen und Tiefschlafphasen zur wirklichen Entspannung beiträgt.
  Noch eines ist sicher: Das »Mittagsnickerchen« hat noch niemandem geschadet. Wie wäre es, dies als Einladung zu verstehen, auch wenn Sie nicht schlafen können ...?

Zum Träumen schön

Gut liegen

Liegen Sie auf dem Rücken eigentlich bequem? Was müssten Sie ändern, um wirklich bequem zu liegen? Was hat Sie davon abgehalten, es sich sofort bequem zu machen?
Eine der eindrücklichsten Erfahrungen der Körperarbeit nach der Art von Elsa Gindler oder Moshè Feldenkrais kann es sein, festzustellen, dass die einfachste Sache der Welt ganz schön schwer sein kann. Entspannung, die eine bequeme Rückenlage voraussetzt, ist in Zeiten der Anspannung schon eine Überforderung. Das liegt nicht an Ihnen, sondern daran, dass Liegen genauso wie Gehen, Stehen oder Sitzen kulturell geformt ist.

Betten Sie sich grundsätzlich anders, je nachdem, ob Sie etwas Aktives oder etwas Passives anstreben.

Menschen, die schwach und bettlägerig sind, brauchen Unterstützung, die es ihnen leicht macht, sich selbst zu helfen. Erinnern Sie sich noch an die Unterscheidung zwischen Massen und Zwischenräumen in der Kinästhetik? *(Nachlesen können Sie dies auf Seite 9.)*
Unterstützung der Massen erleichtert die Bewegung, bringt Sie schon halb auf den Weg: also Kissen unter den Rücken, hinter den Kopf, unter die Arme, unter die Oberschenkel.

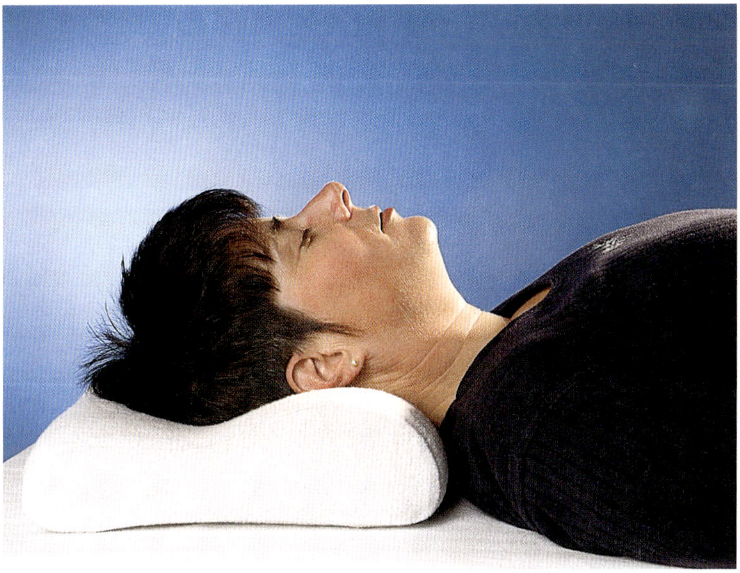

Hals gerade – Muskeln entspannt

Sie sind aber nicht krank, sondern suchen Ihren verdienten Schlaf auch für Ihre Muskeln zum Ausruhen? Dann brauchen Sie Unterstützung der Zwischenräume, Erleichterung, sich dem Bett anzuvertrauen: ein Kissen unter den Nacken, ein Kissen in jede Kniekehle. Ihre Muskulatur kann loslassen oder könnte es, wenn Sie in Stimmung dazu sind.

Ein Drittel Ihres Lebens als Erwachsene verbringen Sie liegend. Als Kind oder als kranker Mensch etwas mehr. Bei allen Vorteilen des Liegens kann ein wenig vorteilhafter Untergrund Sie auch in eine schwierige Lage bringen.

Wenn es darum geht, zu entscheiden, was denn »gut liegen« für Sie bedeutet, müssen Sie sich zunächst fragen, in welcher Situation Sie sich denn gerade befinden.

Das Haupt gut betten

Ein einschlafgerechtes und körperökonomisches Kopfkissen sorgt dafür, dass die Halswirbelsäule gerade bleiben kann und sich Nacken- und Schultermuskel entspannen. Der steife Hals beim Aufwachen wird – hoffentlich – seltener. Der Kopf liegt etwas höher als der Rücken. Das Kissen bildet eine gleichmäßige Mulde, die Ihnen aber auch ermöglicht, sich problemlos vom Rücken auf die Seite und zurück zu drehen.

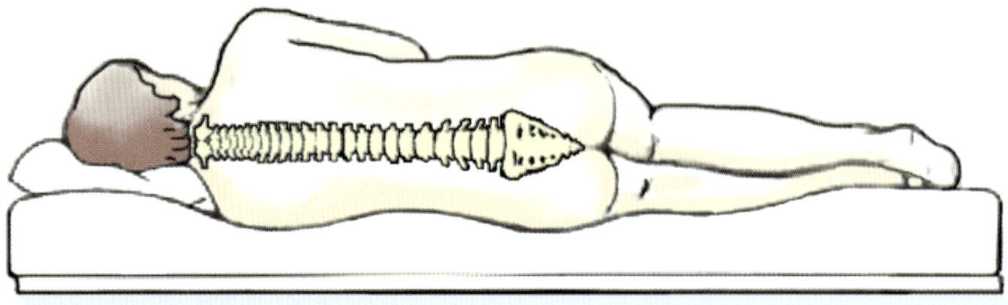

Rücken gerade, Muskeln entspannt

Die meisten solcher Kissen sind aus Latex geformt. Naturmaterialien wie Schafwolle oder gar Daunen verlieren zu schnell ihre stützende Funktion.

Den Rücken entlasten

Ähnlich ist die Lage für den Rücken. Ihre Matratze muss fest genug sein, um Widerstand zu bieten und den Rückenmuskeln so Sicherheit zum Loslassen zu versprechen. Sie muss aber auch ausreichend nachgiebig sein, um noch in der Seitenlage bequem zu bleiben. Die Hüfte darf stärker versinken als die Taille, um das Rückgrat im Lot zu halten.

Ein auf Ihr Körpergewicht abgestimmter Lattenrost ist ein guter Boden. Lässt sich Ihr Rost an Fuß- und Kopfende verstellen, können Sie mit Knopfdruck von der Tag in die Nachtlage wechseln. Aber wenn Sie nicht ganze Tage im Bett verbringen, gibt Ihnen dieser Komfort wenig Möglichkeiten, die Sie nicht auch mit Kissen und Stützen anders erreichen könnten.

Die meisten Matratzen bestehen aus mehreren Schichten verschiedener Materialien, um die Vorteile von Wärme, Festigkeit und Feuchtigkeitsaufnahme zu verbinden. Das luxuriöse Rosshaar und die etwas günstigeren Kokosfasern sind fest und stabil. Wolle nimmt Feuchtigkeit auf und wärmt. Baumwolle kühlt eher. Beide lassen die Haut atmen. Latex gibt Form und Elastizität.
Probeliegen ist in jedem Fall die richtige Entscheidung.

Hoch und breit

Ein Bett in Sitzhöhe – circa 45 bis 50 cm je nach Beinlänge – erleichtert das körpergerechte Ein- und Aussteigen, nicht nur dann, wenn sie Ihr Rücken mal quält. Ein breites Bett im französischen Stil – 140 cm oder 160 cm ganz für Sie alleine und mit Ihrem Gast – lädt sie dazu ein, die schönste Lage auch im Schlaf zu erkunden.

Warm und kühl

Von Ihrer Decke wird viel verlangt: Im Winter muss sie Sie gleichmäßig wärmen, im Sommer kühlen und den Schweiß aufsaugen. Kaschmir oder Kamelhaar, Wolle oder Wildseide, schön, wer sich für jede Jahreszeit die richtige Decke leisten kann!
Wichtig ist, dass die Füllung dort bleibt, wo sie war. Sommers oder winters darf es Wolle oder Seide sein, umhüllt von grober Frotteewäsche oder feinem Mako-Satin, seidenwarm oder leinenkühl, so wie Sie es sich wünschen – zum Entspannen, Einschlafen und Träumen.

Liegeerinnerungen

Klappbetten, Stockbetten, Luftmatratzen, Matratzenlager, Wasserbetten, Hochbetten, Dreiteilermatratzen, Rosshaarmatratzen, Heulager, Liegesitze, Hängematten, Federkissen, Daunendecken, Rheumadecken, Hotelbetten, Krankenbetten …
Welcher Art sind Ihre Liegeerinnerungen? Wie wäre es, Ihre Liegegeschichte aufzumalen oder aufzuschreiben? Gelingt es Ihnen, einen Zusammenhang zu Ihrer aktuellen Liegeerfahrung zu finden?

Ü Wahrnehmen im Liegen

› Machen Sie es sich im Liegen ganz bequem. Sie wissen schon, wie schwierig diese Aufgabe sein kann, versuchen Sie sie zu lösen! Hilft ein Kissen unter dem Kopf, eine Rolle unter den Knien, ein weiche Decke zum Wärmen ...? Was genau können Sie verändern, um es bequem zu haben?

Sie sind eingeladen zu einer kleinen Bestandsaufnahme: »Wie liegt es sich heute?«

Wie spüren Sie Ihr Gewicht auf der Unterlage liegen? Wie nehmen Sie das Gewicht des Kopfes, der Schulter und des oberen Rückens wahr? Wie fühlen Sie das Gewicht des unteren Rückens, der Hüfte und wie der Beine?

Wie weit ist Ihr rechter Fuß nach außen gedreht und wie Ihr linker? Gibt es Unterschiede? Wie liegt Ihr rechtes Bein auf, Ihr rechter Fuß, die rechte Wade, das rechte Knie?
Nehmen Sie den Abstand der Kniekehlen zum Boden wahr? Wo berührt der rechte Oberschenkel den Boden, wo die rechte Hüfte? Wie ist Ihr rechtes Beingefühl? Können Sie sich in Ihrem rechten Bein loslassen und entspannen?
Wie liegt ihr linkes Bein auf dem Boden auf? Der linke Fuß, die Wade, das Knie? Nehmen Sie auch hier den Abstand der Kniekehle zum Boden wahr.

Wie liegen Ihre Beine?

Wo berührt der linke Oberschenkel den Boden, wo die linke Hüfte? Wie ist Ihr linkes Beingefühl? Können Sie sich in Ihrem linken Beingefühl loslassen und entspannen? Vergleichen Sie Ihr linkes Beingefühl mit dem rechten Beingefühl. Gibt es Unterschiede? Nehmen Sie die

Wie liegt Ihr Rücken?

Unterschiede einfach nur wahr und bewerten Sie sie nicht.

Wo hat Ihr Becken Kontakt zum Boden, wo das Gesäß?

Gehen Sie mit der Aufmerksamkeit zu Ihrem Rücken. Wie liegt der Rücken auf, wie der Bereich um das Steißbein, das Kreuzbein, wie der untere Rücken?

Einschlafrituale:
- Ein Spaziergang auch ohne Hund, alleine oder zu zweit
- Ein warmes Bad im Kräutersud oder Honigaroma. Für sehr Mutige kann es auch ein kräftiger Schluck Bier ins Badewasser statt in die Kehle sein
- Eine Tasse heiße Milch, Kakao oder Kräutertee vor dem Zähneputzen
- Ein paar Seiten leichte Bettlektüre
- Oder doch ein wenig Yoga oder Entspannungsübungen
- Und was noch?

Wo hat Ihr oberer Rücken Kontakt zum Boden, wo der Unterarm, der Ellbogen, der Oberarm, die rechte Schulter?
Wie ist Ihr rechtes Armgefühl? Können Sie sich in Ihrem rechten Arm entspannen?
Wo liegt Ihr linker Arm auf? Sind die Finger angewinkelt oder gestreckt? Wo berührt Ihr linkes Handgelenk den Boden, wo der Unterarm, der

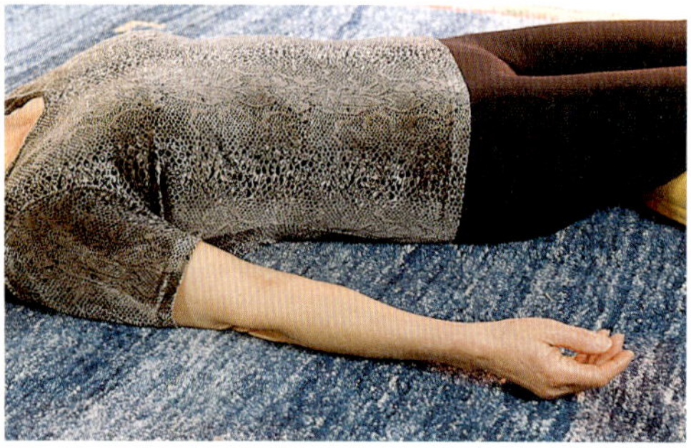

Liegt ihr Arm bequem?

Ellbogen, der Oberarm, die rechte Schulter?
Wie ist Ihr linkes Armgefühl? Können Sie sich in Ihrem linken Armgefühl loslassen und entspannen?
Vergleichen Sie Ihr linkes Armgefühl mit Ihrem rechten Armgefühl.
Wo hat die linke Schulter Kontakt zum Boden? Wo die rechte Schulter? Gibt es Unterschiede? Wenn es welche gibt, beschreiben Sie sie für sich.

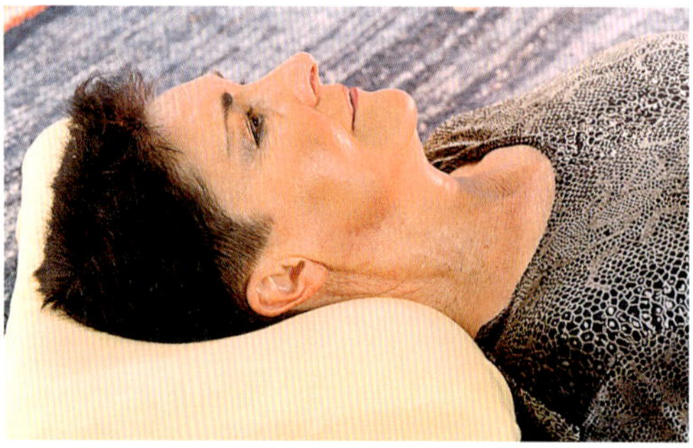

Liegt ihr Kopf bequem?

Gehen Sie mit Ihrer Aufmerksamkeit zum Nacken, zum Hals. Nehmen Sie den Abstand Ihres Nackens zum Boden wahr.
Wie viel Gewicht gibt der Kopf an die Unterlage ab?
Was für ein Gesicht machen Sie? Wie spüren Sie die Stirn, die Schläfen, die Wangen, den Mund? Ist der Mund geöffnet oder geschlossen? Wie ist Ihr Geschmack? Wie liegt die Zunge im Mund? Nehmen Sie Ihre Lippen, Nase, Nasenflügel wahr. Wie spüren Sie die Augen, die Augenlider?
Nehmen Sie sich vom Kopf bis zu den Füßen wahr. Nehmen Sie sich als die Person, die Sie sind, wahr.
Nehmen Sie sich Zeit für Ihre ganz eigene Bestandsaufnahme, Zeit, um Ihre Aufmerksamkeit gezielt oder ziellos wandern lassen zu können. Sie beschließen, wann der Zeitpunkt gekommen ist, sich wieder auf Bewegung einzustellen. Mit einem Gähnen, Räkeln und Strecken kann es dann losgehen. Oder möchten Sie noch eine Weile bei der Wahrnehmung bleiben? ❮

Heute so, morgen so?

Nicht die Überzeugung, dass Sie etwas in Ihrem Leben anders machen müssen, ist der Sinn einer Bestandsaufnahme. Vielleicht fällt es Ihnen anfangs schwer, ganz ohne Wertung und ohne den kritischen Blick sich selbst wahrzunehmen. Manchmal ist es schwer, sich selbst gegenüber liebevoll eingestellt zu sein.
Aber vieles verändert sich von selbst. Erklärungsbedürftig ist das Festhalten an Haltungen, Handlungen oder Empfindungen, die für Sie längst nicht mehr notwendig sind. Die Kunst ist möglicherweise weniger die, Willen zur Veränderung zu entwickeln, als Änderungen einfach geschehen zu lassen, zuzulassen, dass die Dinge so sind, wie sie sind, heute so und morgen anders.

Ü Getragen werden

› Sie haben es sich auf dem Boden liegend bequem gemacht und die veränderte Innenwahrnehmung im Liegen zu einer Bestandsaufnahme genutzt: Wie liegt's sich heute?

Bein heben

1 Beine

Auf eine Ihnen genehme faule Weise stellen Sie das linke Bein auf. Das rechte Bein bleibt gestreckt. Heben Sie das rechte Bein ein ganz klein wenig vom Boden ab. Halten Sie die Spannung einige Atemzüge lang. Wie spüren Sie die Spannung?
Senken Sie das Bein ganz langsam zum Boden zurück. Auf die faule Weise lassen Sie das aufgestellte Bein zurückgleiten. Wie spüren Sie die Entspannung? Gibt es einen Unterschied zwischen dem rechten und dem linken Bein?
Um die Symmetrie der Beine wiederherzustellen, wiederholen Sie die Übung mit dem linken Bein. Was ist anders?

2 Becken

Eine Idee weit heben Sie aus dieser Haltung heraus das Becken an. Halten Sie einige Atemzüge lang die Spannung. Wo spüren Sie die Spannung?
Ganz sanft lassen Sie das Becken zurück zum Boden sinken. Was verändert sich im Bauch? Was verändert sich im Becken? Was verändert sich in der Körperhaltung?

3 Rücken

Bleiben Sie einen Moment lang mit Ihrer Aufmerksamkeit bei Ihren Lenden, dem unteren Rücken an der Stelle, an der sich der Rücken oft hohl wölbt. Drücken Sie diese Stelle einen

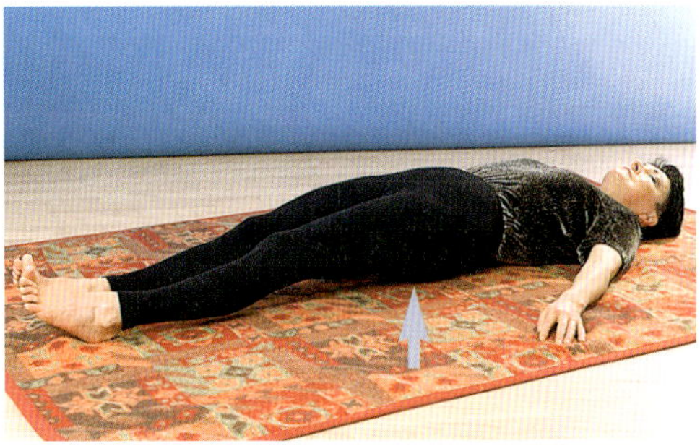

Becken heben

Augenblick lang fest in den Boden. Wie spüren Sie den unteren Rücken jetzt, wenn Sie die Spannung wieder gelöst haben? Gelingt es Ihnen, den unteren Rücken loszulassen?

4 Schulter

Wenden Sie jetzt Ihre Aufmerksamkeit der rechten Schulter und dem rechten Arm zu. Wie spüren Sie den Oberarm, wie den Ellbogen, wie den Unterarm? Wie fühlt sich das Handgelenk an, wie der Handrücken, wie die Handfläche und wie die einzelnen Finger? Heben Sie die rechte Schulter, Arm und Hand leicht an. Halten Sie die Spannung erneut einige Atemzüge lang und lassen Sie dann ganz sanft die Hand, den Arm und die Schulter zum Boden sinken.

Rolle der Musik

Hören Sie gerne meditative Musik zum Entspannen? Wunderbar, genießen Sie sie. Musik kann Sie darin unterstützen, als angenehm empfundene Stimmungen herzustellen: Leidenschaft oder Trauer, Euphorie oder Harmonie, Ruhe oder Lust auf Bewegung.
Während der Wahrnehmungsübung wäre Musik allerdings eine Ablenkung von sich selbst.

Wie liegt die rechte Schulter, der rechte Arm jetzt auf? Wie die linke Schulter, der linke Arm? Gibt es Unterschiede? Nehmen Sie die Unterschiede einfach wahr und bewerten Sie sie nicht.

Arm heben

Kopf heben

Natürlich wiederholen Sie diese Bewegung mit der gleichen Aufmerksamkeit mit der linken Schulter, dem linken Arm, der linken Hand. Was verändert sich?

5 Kopf

Es wird Zeit, sich Ihrem Kopf zuzuwenden. Das Kinn wird zum Hals gezogen, so dass der Nacken ganz lang wird.
Ganz sanft, fast unmerklich heben Sie jetzt Ihren Kopf, bis Sie das Gefühl haben, gerade eben den Boden nicht mehr zu berühren. Wie spüren Sie die Spannung im Nacken?
Nach einigen Atemzügen lassen Sie ganz vorsichtig und behutsam den Kopf zurück zum Boden sinken. Was verändert sich? Kann sich die Spannung in Nacken und Hals lösen? Wieviel Gewicht gibt Ihr Kopf an den Boden ab? Fühlen Sie der Entspannung nach, der Entspannung in Ihren Füßen, Ihren Beinen, Ihrem Becken, Ihrem Rücken, Ihren Schultern, Ihren Armen und Händen, Ihrem Nacken und Ihrem Kopf.
Ist es Ihnen möglich, sich jetzt vom Boden tragen zu lassen? Können Sie sich jetzt erlauben, loszulassen? Es gibt keinen Grund, noch weiter festzuhalten.

Vielleicht haben Sie Lust, Ihren Empfindungen nachzuträumen und langsam einzuschlummern. Falls Sie noch einmal aufstehen möchten, strecken und recken Sie sich, gähnen Sie nach Herzenslust. Die Nacht und ein neuer Tag können beginnen. ❮

Selbsthilfe vom Band

- Eine schöne Übung, aber niemand, der sie für Sie anleitet? Lesen und gleichzeitig durchführen ist ein wenig schwierig. Vielleicht gelingt es Ihnen schon nach kurzer Zeit, den Übungsablauf zu behalten. Kleine Abweichungen sind ganz unerheblich, schließlich sind Sie kreativ genug, Ihre eigene Übung daraus zu machen.
- Vielleicht möchten Sie aber auch einfach verwöhnt werden und gerade ist keiner da, der Sie verwöhnen könnte? Wie wäre es, wenn Sie sich den Text so schnell oder langsam, laut oder leise, wie Sie ihn gerne hören würden, auf Kassette sprechen würden? Sie wären dann ganz autonom, sich selbst verwöhnen zu können. Schließlich wissen Sie am besten, was Ihnen gut tut.

Wohltuendes »Los-Lassen«

Liegen bietet die Möglichkeit einer zulassenden und passiven Körperhaltung an. Passiv meint nicht schlaff oder teilnahmslos, sondern einen Prozess, der in einer wohltuenden Spannungsverteilung münden kann. Liegen bietet die Chance, das Körpergewicht abgeben zu können, seine Schwere fühlen zu dürfen, sich tragen zu lassen, ohne festhalten zu müssen. Kleinere Bewegungen können dazu beitragen, ein genaueres Körperbild zu entwickeln.

Alle Übungen auf einen Blick

Atem holen

Berührung

Dehnungsübungen

Haltungen wechseln

Körperökonomisches

Rituale

Spiraliges Drehen

Symmetrisches Rollen

Vergleichende Übungen

Vorstellungskraft üben

Wahrnehmungsübungen

Literaturtipps

- Ruthy Alon
  Besser leben ohne Rückenschmerzen. Bewegen in Einklang mit der Natur.
  Feldenkrais
  Lektionen I von 1993
  und II von 1995, Junfermann, Paderborn

- Ulrich Brand
  Eutonie. Natürliche Spannungskraft. Sich selbst, andere und die Umgebung bewusst wahrnehmen, natürliches Verbundensein erfahren – glücklicher leben.
  Gräfe und Unzer, München 1992

- Thomas Hanna
  Beweglich sein – ein Leben lang.
  Kösel, München 1997

- Hans Dieter Kempf
  Jetzt sitzen Sie richtig.
  rororo, Hamburg 1997

- Magdalena Köster
  Auf gesunden Füßen leben.
  Verlag Gesundheit, Berlin 1996

- Helmut Milz
  Der wiederentdeckte Körper. Vom schöpferischen Umgang mit sich selbst.
  Artemis Winkler, München 1992

- Debbie Shapiro
  Lebendig sein. Das KörperBewusstsein-Übungsbuch.
  Synthesis, Essen 1994

- Renate Wrasse / Beate Blättner
  Hautnah – Massage und Körperpflege
  Ernst Klett Verlag, Stuttgart 1999